Un Libro de Trading de Acciones

Trading Básico

Una Introducción Completa al Mercado de Valores

Jose Valladares

Contenido

Alcance del libro

"Trading Básico: Una Introducción Integral al Mercado de Valores" tiene como objetivo proporcionar una visión integral del trading de acciones para principiantes. El libro comienza explicando el papel del mercado de valores en la economía y los términos básicos utilizados en el trading. Luego se discuten los diferentes tipos de cuentas de trading, estilos y marcos temporales.

El libro introduce a los lectores tanto al análisis técnico como al análisis fundamental, brindando información sobre patrones de gráficos, líneas de tendencia, ganancias, dividendos y más. Se enfoca en estrategias de trading simples, como cruces de medias móviles y operaciones de ruptura, con una discusión exhaustiva sobre la importancia de la gestión del riesgo y la psicología del trading.

Se proporcionan ejemplos y casos de estudio del mundo real para ayudar a los lectores a aplicar los conceptos y estrategias discutidas. El libro también guía a los lectores sobre cómo crear un plan de trading, elegir plataformas de trading y utilizar diversas herramientas de análisis.

Los nuevos traders pueden beneficiarse de una sección dedicada a consejos y mejores prácticas, que incluye el aprendizaje continuo, el uso de cuentas de simulación y el equilibrio entre el trading y la vida personal. El libro concluye con una sección de preguntas frecuentes y un glosario de términos clave, junto con una lista de recursos adicionales para seguir aprendiendo.

Al final del libro, los lectores deberían tener una base sólida en el trading de acciones y estar equipados con el conocimiento necesario para comenzar su propio viaje en el trading.

Introducción

¿Estás interesado en aprender sobre el trading de acciones? ¿Quieres saber cómo invertir tu dinero en el mercado de valores y tomar decisiones financieras acertadas? ¡Entonces este libro es para ti!

El propósito de este libro es brindarte una guía integral sobre el trading de acciones. Cubriremos desde los conceptos básicos del mercado de valores hasta los diferentes tipos de cuentas de trading, estilos de trading y estrategias que puedes utilizar para realizar operaciones rentables.

Pero, ¿por qué es importante el trading de acciones? Bueno, en primer lugar, permite a las empresas recaudar capital y a los inversores compartir las ganancias de esas empresas. Este proceso impulsa la innovación, crea empleos y, en última instancia, contribuye al crecimiento y desarrollo de la economía.

Además, el trading de acciones es un campo emocionante y dinámico que ofrece muchas oportunidades para que los inversores ganen dinero. Con el conocimiento adecuado, las habilidades y las estrategias correctas, cualquier persona puede convertirse en un trader de acciones exitoso y alcanzar sus metas financieras.

En este libro, exploraremos los fundamentos del trading de acciones, incluyendo conceptos clave, terminología y estilos de trading. También examinaremos el análisis técnico y fundamental, la gestión del riesgo y la psicología del trading, que son esenciales para el éxito en el mercado de valores.

Pero este libro no se trata solo de teoría, también se trata de aplicaciones prácticas. Te proporcionaremos ejemplos del mundo real y casos de estudio para ayudarte a entender cómo aplicar los conceptos que aprendas en operaciones reales. También aprenderás sobre las diferentes plataformas de trading y herramientas disponibles para ayudarte a tomar decisiones de trading informadas.

Entonces, ya seas un principiante que desea comenzar a operar acciones o un trader experimentado que busca mejorar sus habilidades, este libro tiene algo para todos. Con nuestra guía integral sobre el trading de acciones, estarás bien preparado para tomar decisiones financieras informadas y alcanzar el éxito en el emocionante mundo del trading de acciones.

Importancia del trading de acciones

¡El trading de acciones no es ninguna broma cuando se trata de su importancia en la economía! Pero hey, déjame intentar hacerlo interesante con un pequeño chiste.

¿Alguna vez has escuchado el dicho "el dinero mueve el mundo"? Bueno, ¡el trading de acciones es como el motor que impulsa ese dinero!

Hablando en serio, no se puede exagerar la importancia del trading de acciones. Permite a las empresas recaudar capital y a los inversores compartir las ganancias de esas empresas, lo cual en última instancia contribuye al crecimiento y desarrollo económico.

El trading de acciones también es una excelente manera para que las personas acumulen riqueza y alcancen sus metas financieras. Es como jugar un juego en el que las reglas cambian constantemente y las recompensas pueden ser enormes si sabes cómo jugar correctamente.

Además, el trading de acciones desempeña un papel crucial en impulsar la innovación y crear empleos. Al invertir en empresas, las personas pueden ayudar a respaldar el crecimiento de nuevas tecnologías e ideas que tienen el potencial de cambiar el mundo.

En resumen, el trading de acciones no es un asunto para tomar a la ligera. Es un negocio serio que tiene un impacto significativo en la economía y el bienestar financiero de las personas. ¡Pero hey, con el conocimiento y las estrategias adecuadas, puedes convertir ese negocio serio en ganancias serias!

El papel del mercado de valores en la economía

El mercado de valores es una entidad fascinante y compleja que desempeña un papel crucial en la economía. Es como un rompecabezas gigante en constante movimiento que refleja la salud de la economía y las empresas que la conforman.

En su nivel más básico, el mercado de valores permite a las empresas recaudar capital mediante la venta de acciones de su empresa a inversores. Este capital puede ser utilizado para financiar el crecimiento, la investigación y el desarrollo, y otras iniciativas que pueden impulsar la economía.

Pero el impacto del mercado de valores en la economía va mucho más allá de proporcionar una forma para que las empresas obtengan dinero. También es un barómetro del sentimiento de los inversores y la confianza en la economía. Cuando el mercado de valores tiene un buen desempeño, a menudo significa que los inversores tienen confianza en la economía y están dispuestos a invertir en empresas. Esto puede llevar a un aumento en la creación de empleo, el crecimiento económico y la prosperidad general.

Por el contrario, cuando el mercado de valores tiene un mal desempeño, puede ser un signo de incertidumbre económica y falta de confianza en el futuro. Esto puede conducir a una disminución de la inversión, menor creación de empleo y estancamiento económico.

Además, el mercado de valores también puede influir en el comportamiento del consumidor. Cuando el mercado de valores está en alza, los consumidores tienden a sentirse más seguros de su propia situación financiera y es más probable que gasten dinero. Esto, a su vez, puede estimular el crecimiento económico y crear un ciclo de retroalimentación positiva.

El papel del mercado de valores en la economía es multifacético y complejo. Pero una cosa está clara: tiene un impacto significativo en la salud y el bienestar de la economía y las personas que la conforman.

Capítulo 1

Conceptos Básicos del Mercado de Valores

Resumen

El Capítulo 1 de este libro trata sobre los conceptos básicos del mercado de valores. Comenzaremos con la definición de una acción y luego exploraremos las bolsas de valores y los participantes del mercado.

En su esencia, una acción representa la propiedad en una empresa. Cuando compras una acción, te conviertes en accionista y tienes una participación en el éxito de la empresa. Esta propiedad puede darte derecho a recibir una parte de las ganancias de la empresa a través de dividendos y ganancias de capital.

Las bolsas de valores son donde se compran y venden las acciones. Piensa en ellas como un mercado gigante donde compradores y vendedores se reúnen para intercambiar la propiedad de las acciones. La Bolsa de Valores de Nueva York (NYSE) y el Nasdaq son dos de las bolsas de valores más conocidas del mundo.

Los participantes del mercado son los jugadores involucrados en la compra y venta de acciones. Estos pueden incluir inversores individuales, inversores institucionales como fondos de pensiones y fondos mutuos, e incluso las propias empresas a través de recompras de acciones.

Una analogía para el mercado de valores es pensar en él como una gran casa de subastas. Las acciones representan los artículos que se subastan y las bolsas de valores son como el subastador. Los participantes del mercado son los compradores y vendedores que hacen ofertas por los artículos. Los precios de las acciones fluctúan según la oferta y la demanda, al igual que los precios de las subastas pueden subir o bajar según la cantidad de personas que deseen el artículo.

Comprender los conceptos básicos del mercado de valores es esencial para cualquier persona que desee invertir en acciones.

¿Qué es una acción?

Una acción es un tipo de inversión que representa la propiedad en una empresa. Cuando compras una acción, te conviertes en accionista y posees una pequeña parte de esa empresa.

Por ejemplo, supongamos que una empresa llamada Corporación XYZ tiene 1 millón de acciones disponibles. Si compras 1,000 acciones, serías propietario del 0.1% de la empresa.

Como accionista, puedes tener ciertos derechos, como el derecho a votar en decisiones importantes de la empresa y el derecho a recibir una parte de las ganancias de la empresa a través de dividendos. Además, el valor de tu acción puede aumentar o disminuir según el desempeño de la empresa y las condiciones del mercado.

Las acciones generalmente se compran y venden en bolsas de valores, como la Bolsa de Valores de Nueva York (NYSE) o el Nasdaq. El precio de una acción se determina según la oferta y la demanda: si hay muchos compradores y pocos vendedores, el precio puede subir, mientras que si hay muchos vendedores y pocos compradores, el precio puede bajar.

Las acciones son una forma popular para que las personas inviertan en empresas y potencialmente obtengan un rendimiento de su inversión. Sin embargo, es importante recordar que las acciones conllevan riesgos y no siempre pueden tener el rendimiento esperado. Es importante investigar y comprender la empresa y las condiciones del mercado antes de tomar cualquier decisión de inversión.

Bolsas de valores

Las bolsas de valores son donde se compran y venden acciones. Son como mercados gigantes donde compradores y vendedores se reúnen para intercambiar la propiedad de las acciones.

Una analogía para una bolsa de valores es pensar en ella como un bullicioso mercado de pulgas. Imagina que las acciones representan los artículos a la venta y la bolsa de valores es como el mercado de pulgas donde compradores y vendedores se reúnen para comerciar estos artículos. Al igual que en un mercado de pulgas, hay muchos artículos diferentes (acciones) disponibles, y los compradores y vendedores negocian los precios según la oferta y la demanda.

Un ejemplo de una bolsa de valores es la Bolsa de Valores de Nueva York (NYSE). La NYSE es una de las bolsas de valores más grandes y antiguas del mundo, con una historia que se remonta a 1792. En ella se encuentran muchas empresas conocidas, como Coca-Cola, McDonald's y Microsoft. Otro ejemplo es el Nasdaq, que se conoce por negociar acciones de empresas tecnológicas y orientadas al crecimiento como

Apple, Amazon y Facebook.

Cuando una empresa quiere vender acciones de su stock, puede hacerlo mediante una oferta pública inicial (OPI) en una bolsa de valores. Los inversores pueden luego comprar y vender acciones de esa empresa en la bolsa. El precio de una acción se determina según la oferta y la demanda: si hay muchos compradores y pocos vendedores, el precio puede subir, mientras que si hay muchos vendedores y pocos compradores, el precio puede bajar.

Las bolsas de valores desempeñan un papel crucial en el mundo de las finanzas al proporcionar una plataforma para que las empresas obtengan capital y para que los inversores compren y vendan acciones. Son una parte importante de la economía global y tienen un impacto significativo en los mercados financieros y en los inversores individuales.

Participantes del mercado

Los participantes del mercado son los actores involucrados en la compra y venta de acciones en el mercado de valores. Incluyen a inversores individuales, inversores institucionales como fondos de pensiones y fondos mutuos, e incluso a las propias empresas a través de recompras de acciones.

Los inversores individuales son personas como tú y yo que compran y venden acciones con su propio dinero. Pueden ser desde inversores casuales que realizan operaciones ocasionales hasta operadores activos que siguen el mercado diariamente.

Los inversores institucionales son grandes organizaciones que invierten en nombre de otros. Por ejemplo, los fondos de pensiones invierten dinero en nombre de sus beneficiarios, mientras que los fondos mutuos agrupan el dinero de muchos inversores para comprar y vender acciones. Debido a su tamaño y recursos, los inversores institucionales suelen tener un impacto significativo en el mercado.

Las empresas también pueden ser participantes del mercado. Pueden recomprar sus propias acciones para reducir la cantidad de acciones en circulación o aumentar el valor de las acciones restantes. Esto puede ser una forma para que las empresas devuelvan valor a los accionistas o muestren confianza en su propio desempeño.

Un ejemplo de participante del mercado es una empresa de fondos mutuos. Cuando inviertes en un fondo mutuo, tu dinero se combina con el de otros inversores para comprar una cartera diversificada de acciones. La empresa de fondos mutuos actúa como el inversor institucional, realizando operaciones en nombre de todos los inversores del fondo.

Comprender los diferentes participantes del mercado puede ayudar a los inversores a tomar decisiones más informadas sobre sus propias inversiones. Por ejemplo, seguir la actividad comercial de los inversores institucionales puede proporcionar información sobre las tendencias del mercado y el sentimiento de los inversores.

Terminología básica

Cuando se trata de operar acciones, hay algunos términos básicos que todo inversor debe conocer. Aquí tienes algunos términos clave para ayudarte a comprender el mundo de las acciones:

Acción: Un tipo de inversión que representa la propiedad en una empresa.

Una acción es un tipo de inversión que representa la propiedad en una empresa. Cuando compras una acción, te conviertes en accionista y tienes una participación en el éxito de la empresa.

Por ejemplo, imagina que compras 100 acciones de una empresa. Esto significa que posees una pequeña parte de esa empresa y tienes derecho a votar en decisiones importantes de la empresa y potencialmente recibir una parte de las ganancias de la empresa a través de dividendos.

El valor de tu acción puede aumentar o disminuir según diversos factores, como el desempeño financiero de la empresa y las condiciones del mercado. Si la empresa tiene un buen desempeño, el valor de tu acción puede aumentar, lo que te permite venderla con ganancias. Por el contrario, si la empresa tiene un mal desempeño, el valor de tu acción puede disminuir, lo que podría resultar en una pérdida.

Acción: Una unidad individual de propiedad en una empresa.

Una acción es una unidad individual de propiedad en una empresa. Cuando compras una acción de una empresa, te conviertes en un copropietario de esa empresa.

Dividendo: Un pago realizado por una empresa a sus accionistas como una parte de las ganancias de la empresa.

Un dividendo es un pago realizado por una empresa a sus

accionistas como una parte de las ganancias de la empresa. Básicamente, si posees acciones en una empresa que paga dividendos, puedes recibir una parte de las ganancias de la empresa como pago. Este pago puede ser en forma de efectivo, acciones adicionales de la empresa u otros activos. Los dividendos a menudo se pagan de manera regular, como trimestral o anualmente.

Capitalización de mercado: El valor total de las acciones en circulación de una empresa.

La capitalización de mercado es el valor total de las acciones en circulación de una empresa. En otras palabras, es el valor total de todas las acciones de una empresa que se han emitido y que actualmente son propiedad de los inversores.

Para calcular la capitalización de mercado de una empresa, simplemente se multiplica el número de acciones en circulación por el precio de mercado actual por acción. Por ejemplo, si una empresa tiene 1 millón de acciones en circulación y el precio de mercado actual es de $50 por acción, la capitalización de mercado sería de $50 millones.

La capitalización de mercado es una métrica importante para los inversores porque puede proporcionar información sobre el tamaño y el valor de una empresa. También se puede utilizar para comparar el valor de diferentes empresas en la misma industria o mercado. Las empresas con mayores capitalizaciones de mercado a menudo se consideran más estables y establecidas, mientras que las empresas con menores capitalizaciones de mercado pueden tener más potencial de crecimiento pero también implican más riesgo.

Corredor: Una persona o empresa que compra y vende acciones en nombre de los inversores.

Un corredor es una persona o empresa que compra y vende acciones en nombre de los inversores. Los corredores actúan como intermediarios entre los inversores y el mercado de valores, ayudando a los inversores a realizar órdenes de compra o venta de acciones.

Cuando abres una cuenta de corretaje, puedes trabajar con un corredor para realizar operaciones y administrar tus inversiones. El corredor generalmente cobra una tarifa o comisión por sus servicios. Algunos corredores también ofrecen servicios adicionales, como investigación y análisis, para ayudar a los inversores a tomar decisiones informadas sobre sus inversiones.

Los corredores pueden trabajar para firmas de servicio completo, que ofrecen una variedad de servicios a los inversores, o para corredores de descuento, que ofrecen un conjunto más básico de servicios a un costo menor. Algunos corredores también trabajan como agentes independientes, ofreciendo sus servicios a los inversores de manera independiente.

Precio de oferta: El precio más alto que un comprador está dispuesto a pagar por una acción.

El precio de oferta es el precio más alto que un comprador está dispuesto a pagar por una acción en un momento específico.

Cuando un comprador desea comprar una acción, presentará un precio de oferta al mercado de valores. El precio de oferta representa el precio máximo que el comprador está dispuesto a pagar por la acción.

Por ejemplo, si el precio de mercado actual de una acción es de $50 por acción, un comprador podría presentar un precio de oferta de $55 por acción, lo que indica que está dispuesto a pagar hasta $55 para comprar la acción. Si no hay vendedores dispuestos a vender a ese precio, el comprador puede necesitar ajustar su precio de oferta o esperar hasta que un vendedor esté dispuesto a vender a su precio deseado.

El precio de oferta es una métrica importante para los inversores, ya que puede proporcionar información sobre la demanda de una acción en particular. Si hay muchos compradores que presentan altos precios de oferta por una acción, puede indicar que la acción tiene una gran demanda y que el precio puede aumentar.

Precio de demanda: El precio más bajo que un vendedor está dispuesto a aceptar por una acción.

El precio de demanda es el precio más bajo que un vendedor está dispuesto a aceptar por una acción en un momento específico.

Cuando un vendedor desea vender una acción, presentará un precio de demanda al mercado de valores. El precio de demanda representa el precio mínimo que el vendedor está dispuesto a aceptar por la acción.

Por ejemplo, si el precio de mercado actual de una acción es de $50 por acción, un vendedor podría presentar un precio de demanda de $45 por acción, lo que indica que está dispuesto a vender sus acciones por al menos $45 por acción.

Si no hay compradores dispuestos a comprar a ese precio, el vendedor puede necesitar ajustar su precio de demanda o esperar hasta que un comprador esté dispuesto a pagar su precio deseado.

El precio de demanda es una métrica importante para los inversores, ya que puede proporcionar información sobre la oferta de una acción en particular. Si hay muchos vendedores que ofrecen sus acciones a precios de demanda bajos, puede indicar que la acción tiene una baja demanda y que el precio puede disminuir.

Volumen: El número de acciones de una acción que se negocian en un período de tiempo particular.

Volumen se refiere al número de acciones de una acción que se negocian en un período de tiempo determinado.

Por ejemplo, si se compran y venden 10,000 acciones de una acción en un solo día, el volumen para esa acción en ese día sería de 10,000. El volumen se puede rastrear diariamente, semanalmente o mensualmente y es una métrica importante que los inversores deben seguir, ya que puede proporcionar información sobre la demanda de una acción en particular.

Un volumen alto generalmente indica que hay mucho interés en una acción en particular, mientras que un volumen bajo puede indicar que hay menos interés. Además, los cambios en el volumen pueden proporcionar información sobre las tendencias del mercado y el sentimiento de los inversores. Por ejemplo, si el volumen de una acción aumenta repentinamente, puede indicar que hay mucha actividad de compra o venta, lo que podría señalar un cambio en el sentimiento del mercado.

En general, el volumen es una métrica importante que los inversores deben seguir, ya que puede proporcionar información sobre la demanda de una acción en particular y ayudar a los inversores a tomar decisiones más informadas sobre sus inversiones.

Índice: Un grupo de acciones que representa un mercado o industria en particular.

Un índice es un grupo de acciones que representa un mercado o una industria en particular.

Por ejemplo, el S&P 500 es un índice que sigue el rendimiento de 500 acciones de gran capitalización en Estados Unidos. Otros ejemplos de índices incluyen el Dow Jones Industrial Average, que sigue el rendimiento de 30 acciones de gran capitalización en Estados Unidos, y el NASDAQ Composite, que sigue el rendimiento de las acciones que se negocian en la bolsa de valores NASDAQ.

Los índices se utilizan a menudo como puntos de referencia para evaluar el rendimiento de un mercado o una industria en particular. Los inversores pueden utilizar los índices para comparar el rendimiento de sus propias inversiones con el mercado en general o para seguir el rendimiento de una industria en particular.

Los índices suelen tener ponderaciones, lo que significa que ciertas acciones dentro del índice pueden tener un mayor impacto en el rendimiento general del índice que otras. Por ejemplo, en el S&P 500, las empresas más grandes como Apple y Microsoft pueden tener un mayor impacto en el rendimiento general del índice que las empresas más pequeñas.

Los índices proporcionan una forma para que los inversores sigan el rendimiento de un mercado o una industria en particular y son una herramienta importante para evaluar el rendimiento de las inversiones individuales.

Cartera: La colección de acciones y otras inversiones que posee un individuo o institución.

Una cartera es la colección de acciones y otras inversiones que posee un individuo o institución.

Cuando inviertes en acciones, puedes optar por invertir en una variedad de empresas e industrias diferentes para diversificar tu cartera y gestionar el riesgo. Una cartera también puede incluir otros tipos de inversiones, como bonos, fondos mutuos y fondos cotizados en bolsa (ETF).

El objetivo de construir una cartera suele ser lograr un equilibrio entre el riesgo y el rendimiento. Diferentes tipos de inversiones pueden tener diferentes niveles de riesgo y, al diversificar tu cartera, puedes ayudar a mitigar ese riesgo.

Por ejemplo, si inviertes solo en acciones de tecnología, tu cartera puede estar en riesgo si hay una disminución en la industria tecnológica. Sin embargo, al diversificar tu cartera para incluir acciones de otras industrias, como la salud o bienes de consumo, puedes mitigar ese riesgo y potencialmente lograr rendimientos más estables.

Construir una cartera diversificada es una parte importante de la inversión en acciones y otros tipos de inversiones. Al seleccionar cuidadosamente una variedad de inversiones que se alineen con tus objetivos financieros y tolerancia al riesgo, puedes crear una cartera adaptada a tus necesidades y que te ayude a lograr el éxito financiero a largo plazo.

Comprender la terminología básica es importante para cualquier persona que desee invertir en acciones. Al tener un buen conocimiento de estos términos, los inversores pueden comprender mejor las noticias del mercado de valores y tomar decisiones informadas sobre sus propias inversiones.

Capítulo 2

Tipos de Cuentas de Trading

Resumen

El capítulo 2 de este libro se sumerge en el mundo de las cuentas de trading, destacando los diferentes tipos que se utilizan comúnmente en el mercado de valores. El capítulo se divide en subsecciones, cada una explorando un tipo específico de cuenta de trading: Cuentas en efectivo, Cuentas con margen y Cuentas de jubilación.

En la sección de "Cuentas en efectivo", se presenta a los lectores este tipo de cuenta de trading en la cual los inversores pagan por sus operaciones por adelantado. La sección profundiza en cómo este tipo de cuenta es adecuado para nuevos inversores o aquellos con una menor tolerancia al riesgo, ya que ayuda a controlar el riesgo excesivo.

A continuación, la sección de "Cuentas con margen" explica cómo este tipo de cuenta permite a los inversores pedir prestado dinero para operar en acciones, lo que potencialmente les permite comprar más acciones de las que podrían con una cuenta en efectivo. Sin embargo, la sección advierte que si bien las cuentas con margen pueden amplificar las ganancias, también aumentan las posibles pérdidas.

Mientras tanto, la sección de "Cuentas de jubilación" discute cómo estas cuentas, como los planes 401(k) y las Cuentas Individuales de Jubilación (IRA), están diseñadas específicamente para el ahorro de jubilación y pueden ofrecer ventajas fiscales.

Existen varios tipos diferentes de cuentas de trading disponibles para los inversores. Uno de los tipos más comunes es una cuenta en efectivo.

Una cuenta en efectivo es un tipo de cuenta de trading en la cual el inversor paga por sus operaciones con dinero en efectivo por adelantado. En otras palabras, cuando compras una acción utilizando una cuenta en efectivo, debes tener suficiente dinero en efectivo en tu cuenta para cubrir el costo de la operación.

Con una cuenta en efectivo, generalmente no tienes acceso a margen, que es un tipo de préstamo que te permite comprar acciones con dinero prestado. Esto significa que no puedes comprar más acciones de las que tienes en efectivo para pagar.

Las cuentas en efectivo suelen ser utilizadas por inversores que están comenzando o que tienen una menor tolerancia al riesgo. Debido a que solo puedes operar con el dinero en efectivo que tienes disponible, puede ayudar a evitar que asumas demasiado riesgo o gastes más dinero del que puedes permitirte.

Las cuentas en efectivo son un tipo de cuenta de trading simple y directo que puede ser una buena opción para los inversores que desean adoptar un enfoque conservador para el trading.

Supongamos que tienes una cuenta en efectivo con $5,000 disponibles para invertir. Decides comprar 100 acciones de la compañía XYZ, que se cotiza actualmente a $50 por acción. Para comprar esas acciones, necesitarías tener $5,000 en efectivo disponible para pagar la operación.

Con una cuenta en efectivo, no puedes utilizar margen para comprar acciones adicionales, por lo que estás limitado a comprar solo 100 acciones con el dinero en efectivo que tienes disponible. Si el precio de la acción aumentara, podrías vender tus acciones con una ganancia, pero no podrías comprar más acciones a menos que tuvieras dinero adicional disponible.

Por otro lado, si el precio de la acción disminuyera, podrías perder dinero en tu inversión, pero no estarías en riesgo de perder más de lo que has invertido, ya que no puedes operar con dinero prestado en una cuenta en efectivo.

Una cuenta en efectivo puede proporcionar una forma simple y directa para que los inversores realicen operaciones con el dinero que tienen disponible, sin asumir riesgos adicionales a través de préstamos o el uso de margen.

Cuentas con margen

Las cuentas con margen son otro tipo de cuenta de trading que permite a los inversores operar acciones con dinero prestado.

Con una cuenta con margen, puedes pedir dinero prestado a tu bróker para comprar acciones, utilizando las propias acciones como garantía para el préstamo. Esto significa que puedes potencialmente comprar más acciones de las que podrías con una cuenta en efectivo, ya que no estás limitado al dinero en efectivo que tienes disponible.

Por ejemplo, supongamos que tienes una cuenta con margen con $5,000 en efectivo y un poder de compra con margen de

$10,000. Podrías utilizar ese poder de compra con margen para comprar acciones por valor de $10,000, incluso si solo tienes $5,000 en efectivo disponible.

Si bien operar con margen puede potencialmente amplificar tus ganancias, también puede aumentar tus pérdidas si el mercado se mueve en tu contra. Si el valor de las acciones que has comprado utilizando margen cae por debajo de cierto punto, es posible que se te solicite que aportes dinero adicional como garantía o corras el riesgo de que se vendan tus acciones para cubrir el préstamo pendiente.

Las cuentas con margen suelen ser utilizadas por traders más experimentados que tienen una mayor tolerancia al riesgo y buscan potencialmente amplificar sus ganancias a través de préstamos. Sin embargo, es importante considerar cuidadosamente los riesgos y entender los términos y condiciones de una cuenta con margen antes de utilizarla para operar.

Cuentas de jubilación

Las cuentas de jubilación son un tipo de cuenta de trading diseñadas para ayudar a las personas a ahorrar para la jubilación y ofrecer posibles ventajas fiscales.

Un tipo común de cuenta de jubilación es el plan 401(k), que es un plan de ahorro para la jubilación patrocinado por el empleador. Con un plan 401(k), puedes contribuir una parte de tus ingresos antes de impuestos a la cuenta, lo cual puede reducir tu ingreso imponible y disminuir tu factura de impuestos del año actual.

Otro tipo de cuenta de jubilación es la cuenta individual de jubilación (IRA, por sus siglas en inglés). Las IRAs generalmente son abiertas por individuos por su cuenta, en lugar de través de un empleador, y ofrecen una variedad de ventajas fiscales dependiendo del tipo de IRA.

Por ejemplo, una IRA tradicional te permite contribuir ingresos antes de impuestos a la cuenta, lo cual puede ayudar a reducir tu ingreso imponible y disminuir tu factura de impuestos del año actual. Sin embargo, cuando retires el dinero, deberás pagar impuestos sobre la cantidad retirada.

Por otro lado, una IRA Roth te permite contribuir ingresos después de impuestos a la cuenta, lo que significa que no obtienes un beneficio fiscal inmediato. Sin embargo, cuando retires el dinero en la jubilación, no deberás pagar impuestos sobre la cantidad retirada.

Las cuentas de jubilación pueden ser una buena manera de ahorrar para la jubilación al tiempo que potencialmente reduces tu factura de impuestos. Sin embargo, a menudo hay restricciones sobre cuándo y cómo puedes retirar dinero de estas cuentas, por lo que es importante considerar cuidadosamente tus opciones y consultar con un asesor financiero si no estás seguro de qué tipo de cuenta de jubilación es adecuada para ti.

Es importante tener en cuenta que las cuentas de jubilación están diseñadas para el ahorro a largo plazo y generalmente tienen restricciones en cuanto a cuándo y cómo puedes retirar los fondos. Por lo tanto, es importante considerar tus objetivos de jubilación, tu situación financiera y las opciones disponibles antes de decidir qué tipo de cuenta de jubilación abrir.

Además, es posible que desees buscar el asesoramiento de un profesional financiero o un asesor de inversiones para obtener orientación personalizada sobre cómo utilizar cuentas de jubilación de manera efectiva para tus metas de ahorro para la jubilación.

En resumen, las cuentas con margen te permiten operar con dinero prestado, lo cual puede aumentar tus ganancias pero también tus pérdidas. Por otro lado, las cuentas de jubilación están diseñadas para ayudarte a ahorrar para la jubilación y pueden ofrecer beneficios fiscales. Es fundamental entender los riesgos y restricciones asociados con cada tipo de cuenta antes de utilizarlas en tus operaciones financieras.

Selección de cuentas basada en objetivos y tolerancia al riesgo

Al seleccionar una cuenta de trading, es importante considerar tus objetivos y tolerancia al riesgo para determinar qué tipo de cuenta se adapta mejor a tus necesidades.

Piensa en ello como elegir un automóvil. Así como elegirías un automóvil que cumpla tus necesidades en cuanto a tamaño, eficiencia de combustible y rendimiento, debes elegir una cuenta de trading que se ajuste a tu tolerancia al riesgo, objetivos de inversión y estilo de trading.

Por ejemplo, si eres un inversor principiante o tienes una baja tolerancia al riesgo, una cuenta en efectivo puede ser una buena opción. Es como elegir un automóvil pequeño y confiable para desplazamientos diarios: puede que no tenga todas las características llamativas, pero es seguro y hace el trabajo.

Por otro lado, si tienes una mayor tolerancia al riesgo y buscas amplificar tus ganancias potenciales, una cuenta con margen puede ser una mejor opción. Es como elegir un automóvil deportivo: puede ser más arriesgado y requerir más habilidad para manejarlo, pero puede ofrecer un mayor rendimiento y mayores recompensas potenciales.

De manera similar, al seleccionar una cuenta de jubilación, es importante considerar tus objetivos y necesidades. Si buscas ventajas fiscales y una forma de ahorro de bajo riesgo para la jubilación, una IRA tradicional o un plan 401(k) pueden ser una buena opción. Es como elegir un automóvil familiar confiable que tenga un buen rendimiento de combustible y esté construido para durar.

Pero si buscas más flexibilidad e ingresos libres de impuestos en la jubilación, una IRA Roth puede ser una mejor opción. Es como elegir un automóvil de lujo: puede ser más costoso al principio, pero ofrece más características y recompensas potenciales a largo plazo.

Elegir la cuenta de trading o la cuenta de jubilación adecuada es una decisión importante que debe basarse en tus necesidades y objetivos individuales, al igual que elegir un automóvil.

Capítulo 3

Estilos de Trading y Marcos de Tiempo

Resumen

El Capítulo 3 explora los cuatro principales estilos y marcos temporales de trading: el day trading, el swing trading, el position trading y la inversión a largo plazo. El day trading implica comprar y vender acciones dentro de un mismo día de trading, mientras que el swing trading implica mantener las acciones durante unos días o semanas para obtener beneficios a partir de los movimientos de precios a corto plazo. El position trading implica mantener las acciones durante unas semanas o varios meses para obtener beneficios a partir de los movimientos de precios a largo plazo. La inversión a largo plazo implica mantener las acciones durante varios años, e incluso décadas, para obtener crecimiento a largo plazo y apreciación del capital. La clave para tener éxito en el trading es encontrar un estilo y marco temporal de trading que se ajuste a tus objetivos y recursos individuales.

Al seleccionar un estilo de trading, es importante considerar tus objetivos, tolerancia al riesgo, y el tiempo y los recursos disponibles. Por ejemplo, el day trading requiere mucho tiempo y atención, mientras que la inversión a largo plazo puede requerir un seguimiento menos frecuente.

Además de los estilos de trading, también es importante considerar el marco temporal en el que se mantendrán las acciones. Algunos inversores prefieren mantener las acciones durante unos minutos u horas, mientras que otros pueden mantenerlas durante varios meses o años.

La clave para tener éxito en el trading es encontrar un estilo y marco temporal que funcione para ti, en función de tus objetivos y recursos disponibles. Al considerar cuidadosamente tus opciones y seleccionar un estilo y marco temporal de trading que se ajusten a tus necesidades, podrás crear una estrategia de trading que te ayude a lograr el éxito a largo plazo en el mercado de valores.

Day trading

El day trading es un estilo de trading en el que un inversor compra y vende acciones dentro de un mismo día de trading, con el objetivo de obtener beneficios a partir de los movimientos de precios a corto plazo.

Una analogía para el day trading podría ser el surf. Así como un surfista espera la ola adecuada y rápidamente aprovecha para montarla hasta la orilla, un day trader espera las condiciones de mercado adecuadas y aprovecha rápidamente los movimientos de precios a corto plazo para obtener beneficios. Ambos requieren pensar rápidamente, tomar decisiones decisivas y estar dispuestos a asumir riesgos calculados.

El day trading requiere mucho tiempo y atención, ya que el inversor debe monitorear constantemente el mercado durante todo el día de trading. Se puede comparar con una carrera de alta velocidad, donde se necesitan reflejos rápidos y una estrategia clara para mantenerse por delante de la competencia.

En general, el day trading puede ser un estilo de trading altamente gratificante para inversores experimentados que están dispuestos a invertir el tiempo y el esfuerzo necesario para monitorear el mercado y tomar decisiones rápidas. Sin embargo, también conlleva riesgos significativos y requiere un alto nivel de habilidad y disciplina para tener éxito.

Swing trading

El swing trading es un estilo de trading en el que un inversor mantiene acciones durante unos días a unas semanas, con el objetivo de obtener beneficios a partir de los movimientos de precios a corto plazo.

Una analogía para el swing trading podría ser jugar una partida de ajedrez. Así como un jugador de ajedrez planifica cuidadosamente sus movimientos y toma decisiones estratégicas basadas en los movimientos del oponente, un swing trader analiza cuidadosamente las tendencias del mercado a corto plazo y realiza operaciones estratégicas para aprovecharlas. Ambos requieren una mentalidad estratégica, la capacidad de adaptarse a condiciones cambiantes y la paciencia para esperar la oportunidad adecuada.

El swing trading requiere menos tiempo y atención que el day trading, pero aún requiere un sólido entendimiento de las tendencias del mercado y el impulso. Se puede comparar con un partido de tenis, donde el trader debe anticipar los movimientos del mercado y realizar operaciones precisas para aprovechar los movimientos de precios a corto plazo.

En general, el swing trading puede ser un estilo de trading gratificante para inversores que están dispuestos a invertir tiempo y esfuerzo en analizar el mercado y realizar operaciones estratégicas. Sin embargo, también conlleva riesgos y requiere un sólido entendimiento de las tendencias del mercado y el impulso para tener éxito.

Position trading

El position trading es un estilo de trading en el que un inversor mantiene acciones durante unas semanas a varios meses, con el objetivo de obtener beneficios a partir de movimientos de precios a largo plazo.

Una analogía para el position trading podría ser la jardinería. Así como un jardinero selecciona y cuida cuidadosamente las plantas durante un período prolongado para lograr un crecimiento a largo plazo y una cosecha abundante, un position trader selecciona cuidadosamente acciones con un fuerte potencial de crecimiento a largo plazo y las mantiene durante un período prolongado para lograr una apreciación de capital a largo plazo. Ambos requieren paciencia, planificación cuidadosa y disposición para soportar fluctuaciones a corto plazo para lograr el éxito a largo plazo.

El position trading requiere menos tiempo y atención que el swing o el day trading, pero aún así requiere que el inversor tenga un sólido entendimiento de las tendencias del mercado y los fundamentos subyacentes de las empresas en las que invierte. Se puede comparar con la construcción de una casa sólida y confiable, donde el trader selecciona cuidadosamente cada pieza del cimiento y construye sobre ella con el tiempo para crear una estructura fuerte y sostenible.

El position trading puede ser un estilo de trading gratificante para los inversores que están dispuestos a invertir tiempo y esfuerzo en analizar el mercado y seleccionar acciones con un fuerte potencial a largo plazo. Sin embargo, también conlleva riesgos y requiere disciplina y paciencia para tener éxito a largo plazo.

La inversión a largo plazo

La inversión a largo plazo es un estilo de trading en el cual un inversor mantiene acciones durante varios años, e incluso décadas, con el objetivo de obtener crecimiento a largo plazo y apreciación de capital.

Una analogía para la inversión a largo plazo podría ser plantar un árbol. Así como un árbol tarda años en crecer y desarrollar raíces fuertes, un inversor a largo plazo selecciona cuidadosamente acciones con un fuerte potencial de crecimiento a largo plazo y las mantiene durante un período prolongado para lograr apreciación de capital a largo plazo. Ambos requieren paciencia, visión a futuro y una perspectiva a largo plazo para lograr un éxito duradero.

La inversión a largo plazo requiere menos tiempo y atención que otros estilos de trading, pero aún así requiere que el inversor tenga un sólido entendimiento de los fundamentos de las empresas en las que invierte. Se puede comparar con la construcción de un legado, donde el inversor selecciona cuidadosamente cada inversión y construye sobre ella a lo largo del tiempo para crear una cartera sólida y sostenible que pueda proporcionar seguridad financiera tanto para sí mismo como para las generaciones futuras.

La inversión a largo plazo puede ser un estilo de trading gratificante para los inversores que están dispuestos a invertir tiempo y esfuerzo en seleccionar cuidadosamente empresas sólidas con potencial de crecimiento a largo plazo. Sin embargo, también requiere disciplina y paciencia para mantener esas inversiones a través de las fluctuaciones del mercado y resistir la tentación de realizar operaciones a corto plazo en busca de ganancias rápidas.

Capítulo 4

Introducción al Análisis Técnico

Resumen

El Capítulo 4 presenta el análisis técnico, un método de análisis de acciones que se centra en patrones de gráficos, líneas de tendencia y otros datos cuantitativos para identificar posibles oportunidades de compra y venta. El análisis técnico es una herramienta popular entre los traders y se puede utilizar en combinación con el análisis fundamental para tomar decisiones de inversión más informadas.

Tipos de gráficos

En el análisis técnico, se utilizan diferentes tipos de gráficos para representar el movimiento de precios de una acción durante un período de tiempo específico. Los diferentes tipos de gráficos proporcionan información diferente y ayudan a los traders a identificar tendencias y posibles oportunidades de negociación.

Un ejemplo de un tipo de gráfico es el gráfico de líneas. Un gráfico de líneas es un gráfico simple que muestra los precios de cierre de una acción a lo largo del tiempo, con cada precio de cierre representado por un punto en el gráfico y conectado por una línea. Los gráficos de líneas se utilizan a menudo para mostrar tendencias a largo plazo en el precio de una acción y pueden ayudar a los traders a identificar niveles de soporte y resistencia.

Otro ejemplo de un tipo de gráfico es el gráfico de barras. Un gráfico de barras muestra los precios de apertura, máximo, mínimo y cierre de una acción para un período de tiempo determinado, con cada punto de precio representado por una barra vertical. La parte superior de la barra representa el precio más alto del período, la parte inferior de la barra representa el precio más bajo y los precios de apertura y cierre se representan en los lados izquierdo y derecho de la barra, respectivamente. Los gráficos de barras se utilizan a menudo para identificar tendencias de precios a corto plazo y posibles oportunidades de negociación.

Un tercer ejemplo de un tipo de gráfico es el gráfico de velas, que se mencionó brevemente anteriormente. Además de mostrar los precios de apertura, máximo, mínimo y cierre para un período de tiempo determinado, los gráficos de velas utilizan velas de colores para representar si el precio de la acción subió o bajó durante ese período, con velas verdes que indican un aumento de precio y velas rojas que indican una disminución de precio. Las mechas o "sombras" por encima y por debajo del cuerpo de la vela representan el rango de precios en el que se negoció la acción durante ese período. Los gráficos de velas son ampliamente utilizados por los traders para identificar tendencias de precios a corto plazo y posibles inversiones en el mercado.

Soporte y resistencia

Soporte y resistencia son dos conceptos clave en el análisis técnico utilizados para identificar posibles niveles de actividad de compra y venta en el mercado. El soporte es un nivel de precio en el cual el precio de una acción ha tenido dificultades históricas para caer por debajo, ya que existe una mayor demanda de la acción a ese precio. Se considera un suelo que respalda el precio de la acción y evita que caiga aún más. Por ejemplo, si una acción ha rebotado consistentemente en un precio de $50, ese nivel podría considerarse un nivel de soporte.

La resistencia es un nivel de precio en el cual el precio de una acción ha tenido dificultades históricas para subir por encima, ya que existe una mayor oferta de la acción a ese precio. Se considera un techo que limita el precio de la acción y evita que suba aún más. Por ejemplo, si una acción ha tenido dificultades consistentes para superar un precio de $100, ese nivel podría considerarse un nivel de resistencia.

Los comerciantes utilizan los niveles de soporte y resistencia para tomar decisiones informadas de compra y venta. Si el precio de una acción se acerca a un nivel de soporte, los comerciantes pueden verlo como una buena oportunidad para comprar, ya que existe una mayor probabilidad de que el precio de la acción rebote en ese nivel y vuelva a subir. De manera similar, si el precio de una acción se acerca a un nivel de resistencia, los comerciantes pueden verlo como una buena oportunidad para vender, ya que existe una mayor probabilidad de que el precio de la acción vuelva a caer desde ese nivel.

Un ejemplo de los niveles de soporte y resistencia en acción podría ser una acción que ha rebotado consistentemente en un nivel de soporte de $50 y ha tenido dificultades para superar un nivel de resistencia de $100. Si el precio de la acción se acerca a $50, los comerciantes pueden verlo como una buena oportunidad para comprar, ya que existe una mayor probabilidad de que el precio de la acción rebote en ese nivel y vuelva a subir. Por otro lado, si el precio de la acción se acerca a $100, los comerciantes pueden verlo como una buena oportunidad para vender, ya que existe una mayor probabilidad de que el precio de la acción vuelva a caer desde ese nivel. Los comerciantes pueden utilizar estos niveles de soporte y resistencia para establecer sus puntos de entrada y salida y tomar decisiones informadas de trading."

Líneas de tendencia

Las líneas de tendencia son una herramienta utilizada en el análisis técnico para identificar tendencias en el movimiento del precio de una acción a lo largo del tiempo. Una línea de tendencia se dibuja conectando los máximos o mínimos de los movimientos de precio de una acción durante un cierto período de tiempo, creando una línea que muestra la dirección general de la tendencia.

Una analogía para las líneas de tendencia podría ser la historia de Ricitos de Oro y los Tres Osos. Al igual que Ricitos de Oro encontró la sopa que era "justo correcta", los traders utilizan líneas de tendencia para encontrar el rango de precios que es "justo correcto" para una acción. Una línea de tendencia que se inclina hacia arriba indica una tendencia alcista, mientras que una línea de tendencia que se inclina hacia abajo indica una tendencia bajista. Los traders pueden utilizar estas líneas de tendencia para identificar posibles oportunidades de compra o venta, dependiendo de la dirección de la tendencia.

Ahora, para un ejemplo divertido, imagina un grupo de traders dibujando líneas de tendencia en sus gráficos mientras usan trajes de oso o sostienen tazones de sopa. ¡Incluso podrían usar osos de peluche o tazones de sopa como accesorios durante sus sesiones de trading! Aunque pueda parecer absurdo, incorporar humor en el trading puede ayudar a reducir el estrés y mantener a los traders centrados en tomar decisiones de inversión sólidas.

Patrones básicos de gráficos

Los patrones básicos de gráficos son una herramienta clave en el análisis técnico que ayuda a los traders a identificar posibles oportunidades de compra y venta basadas en patrones en los movimientos de precios de una acción a lo largo del tiempo.

Como una historia personal, una vez utilicé un patrón básico de gráfico para realizar una operación rentable en una acción. Estaba siguiendo los movimientos de precio de la acción utilizando un gráfico de líneas y noté que había formado un patrón de cabeza y hombros, que es un patrón de inversión bajista que indica que el precio de la acción probablemente caerá. Esperé a que el precio de la acción rompiera la línea del cuello del patrón antes de vender mis acciones, y pude obtener un beneficio a medida que el precio de la acción continuaba cayendo.

Un ejemplo de un patrón básico de gráfico es el patrón de doble suelo, que es un patrón de inversión alcista que ocurre cuando el precio de una acción forma dos mínimos consecutivos alrededor del mismo nivel de precio, separados por un ligero aumento en el precio. El patrón se parece a la letra "W" y es una señal de que es probable que el precio de la acción aumente en el futuro cercano. Los traders pueden utilizar el patrón de doble suelo para identificar posibles oportunidades de compra en una acción.

Capítulo 5

Introducción al Análisis Fundamental

Resumen

El análisis fundamental es un método para analizar la información financiera y económica de una empresa con el fin de determinar su valor y su potencial de crecimiento futuro.

Como historia personal, una vez utilicé el análisis fundamental para tomar una decisión de inversión informada en una empresa. Estaba considerando invertir en una empresa de tecnología y quería asegurarme de que tuviera una situación financiera sólida antes de comprometer mi dinero. Investigué los estados financieros de la empresa, los informes anuales y las conferencias de ganancias para evaluar su crecimiento de ingresos, márgenes de beneficio y flujo de efectivo. También examiné al equipo directivo de la empresa, el panorama competitivo y las tendencias de la industria para evaluar su potencial de crecimiento futuro. Basándome en mi investigación, determiné que la empresa tenía una salud financiera sólida y un gran potencial de crecimiento en los próximos años, así que decidí invertir.

En general, el análisis fundamental proporciona una visión integral de la salud financiera de una empresa y su potencial de crecimiento, lo cual puede ayudar a los inversores a tomar decisiones de inversión informadas.

Ganancias

Las ganancias son un componente clave del análisis fundamental y se refieren a las ganancias de una empresa después de deducir todos los gastos, impuestos y pagos de intereses.

Para hacer las cosas interesantes, usemos como ejemplo una empresa ficticia llamada "Sunny Lemonade Stand" ("Puesto de Limonada Soleada"). Sunny Lemonade Stand ha estado en funcionamiento durante un año y busca expandirse. Como inversor, estás interesado en sus ganancias para determinar si son rentables y probablemente crecerán en el futuro.

Investigas los estados financieros de Sunny Lemonade Stand y descubres que sus ganancias durante el último año fueron de $10,000. Esto significa que después de deducir todos los gastos, impuestos y pagos de intereses, obtuvieron $10,000 en ganancias. También comparas sus ganancias con sus ingresos, que fueron de $50,000 durante el año, para determinar su margen de beneficio. En este caso, su margen de beneficio es del 20%, lo cual es un porcentaje saludable.

Basándote en sus ganancias y margen de beneficio, decides invertir en Sunny Lemonade Stand, ya que tienen una base sólida para el crecimiento y un potencial de ganancias futuras.

Las ganancias brindan información sobre la rentabilidad de una empresa y su potencial de crecimiento, por lo que son un factor importante a considerar en el análisis fundamental.

Otro ejemplo de ganancias

Digamos que estás considerando invertir en una empresa llamada "ABC Corporation". Investigas un poco y descubres que sus ganancias durante el último año fueron de $1 millón. También observas su historial de ganancias en los últimos cinco años y notas que sus ganancias han ido aumentando constantemente cada año. Esto sugiere que ABC Corporation es una empresa rentable que está creciendo con el tiempo.

Sin embargo, también observas sus ganancias por acción (EPS) para tener una mejor comprensión de sus ganancias en base a cada acción. El EPS se calcula dividiendo las ganancias de una empresa entre el número total de acciones en circulación. En este caso, descubres que ABC Corporation tiene 1 millón de acciones en circulación, por lo que su EPS es de $1 por acción.

Comparas su EPS con el precio actual de las acciones y descubres que su relación precio-ganancias (P/E) es de 20. Esto significa que los inversores están dispuestos a pagar $20 por cada $1 de ganancias que genera ABC Corporation. Una relación P/E más alta indica que los inversores tienen expectativas más altas de crecimiento de las ganancias en el futuro.

Basándote en esta información, decides invertir en ABC Corporation, ya que tienen un historial sólido de ganancias y un potencial de crecimiento futuro.

Dividendos

Los dividendos son pagos que las empresas realizan a sus accionistas como parte de las ganancias de la empresa.

Para explicar los dividendos de una manera divertida, usemos una analogía. Imagina que tú y tus amigos comienzan un negocio de puestos de limonada. Cada uno contribuye con algo de dinero para comenzar el negocio y, a cambio, reciben una parte de las ganancias.

Ahora, supongamos que su puesto de limonada es muy exitoso y obtienen una ganancia de $100. En lugar de quedarse con todo el dinero, tú y tus amigos deciden dividir las ganancias de manera equitativa entre todos los que contribuyeron dinero para comenzar el negocio. En este caso, si hubiera 10 accionistas, cada accionista recibiría un dividendo de $10.

Esto es similar a cómo funcionan los dividendos en el mercado de valores. Cuando una empresa obtiene ganancias, puede optar por distribuir una parte de las ganancias a sus accionistas en forma de dividendos. Los accionistas reciben una cierta cantidad de dinero por cada acción que poseen, según la política de pagos de dividendos de la empresa. Algunas empresas pagan dividendos regularmente, mientras que otras pueden hacerlo ocasionalmente o no hacerlo en absoluto.

Los dividendos ofrecen una forma para que los inversores obtengan ingresos de sus inversiones, de manera similar a cómo los accionistas en un exitoso puesto de limonada obtendrían ganancias de su negocio.

Digamos que posees 100 acciones de una empresa llamada "XYZ Corporation". Durante el último trimestre, XYZ Corporation obtuvo una ganancia de $1 millón. Como resultado, deciden pagar un dividendo a sus accionistas.

La junta directiva de XYZ Corporation anuncia que pagarán un dividendo de $0.25 por acción. Esto significa que por cada acción de acciones que poseas, recibirás un dividendo de $0.25. En este caso, recibirías un total de $25 en dividendos para el trimestre, ya que posees 100 acciones de acciones.

Los dividendos pueden proporcionar un flujo constante de ingresos para los inversores, especialmente aquellos que dependen de sus inversiones para la jubilación u otros objetivos financieros. También pueden indicar que una empresa tiene una salud financiera sólida y es rentable, lo cual puede ser una señal positiva para los inversores que consideran comprar o mantener las acciones de la empresa.

Relación precio-ganancias

La relación precio-ganancias (P/E) es una relación financiera que compara el precio de las acciones de una empresa con sus ganancias por acción (EPS).

Para explicar la relación P/E de una manera divertida, usemos una analogía. Imagina que estás buscando un automóvil usado. Te encuentras con dos automóviles muy similares, pero uno tiene un precio de $10,000 mientras que el otro tiene un precio de $20,000. A primera vista, podrías pensar que el automóvil más caro es una mejor oferta porque cuesta más. Sin embargo, si observas la cantidad de millas recorridas y las características de cada automóvil, podrías descubrir que el automóvil de $10,000 en realidad tiene un mejor valor porque tiene menos millas recorridas y más características.

De manera similar, la relación P/E compara el precio de las acciones de una empresa con sus ganancias por acción. Una relación P/E más alta puede indicar que los inversores están dispuestos a pagar más por cada dólar de ganancias porque creen que la empresa tiene un fuerte potencial de crecimiento. Sin embargo, una relación P/E más baja puede indicar que las acciones de una empresa están infravaloradas y pueden ser una mejor oferta para los inversores.

Por ejemplo, supongamos que la Compañía A y la Compañía B tienen un precio de acciones de $100 por acción. Sin embargo, la Compañía A tiene un EPS de $5 mientras que la Compañía B tiene un EPS de $10. Esto significa que la Compañía A tiene una relación P/E de 20, mientras que la Compañía B tiene una relación P/E de 10. En este caso, la Compañía B puede ser una mejor opción para los inversores, ya que están pagando menos por cada dólar de ganancias en comparación con la Compañía A.

En general, la relación P/E puede brindar información sobre cómo el mercado valora las acciones de una empresa en relación con sus ganancias, de manera similar a cómo el precio de un automóvil usado puede indicar su valor en comparación con sus características y millas recorridas.

Capitalización de mercado

La capitalización de mercado, o "market cap" en inglés, es una medida del valor de una empresa que se calcula multiplicando su precio de las acciones por el número total de acciones en circulación.

Para explicar la capitalización de mercado de una manera divertida, usemos una analogía. Imagina que eres el dueño de un restaurante de pizza. Tu restaurante tiene 100 mesas, y cada mesa puede acomodar a 4 personas. Por lo tanto, tu restaurante tiene la capacidad de atender a 400 clientes al mismo tiempo.

Ahora, supongamos que cobras $10 por cada pizza y en una

noche ocupada, tu restaurante vende 100 pizzas. Esto significa que los ingresos de tu restaurante para esa noche son de $1,000.

Utilizando esta analogía, podemos pensar en el valor de tu restaurante en términos de su "capitalización de mercado". Si asumimos que tu restaurante vale 10 veces sus ingresos anuales, entonces la capitalización de mercado de tu restaurante sería de $10,000 (10 veces $1,000).

De manera similar, la capitalización de mercado de una empresa es una medida de su valor basada en el precio de sus acciones y el número total de acciones en circulación. Una mayor capitalización de mercado generalmente indica que los inversores creen que la empresa tiene más valor, mientras que una menor capitalización de mercado puede indicar que la empresa es menos establecida o tiene menos potencial de crecimiento.

Por ejemplo, supongamos que la Compañía A y la Compañía B tienen un precio de las acciones de $50 por acción, pero la Compañía A tiene 10 millones de acciones en circulación mientras que la Compañía B tiene 1 millón de acciones en circulación. En este caso, la Compañía A tendría una mayor capitalización de mercado que la Compañía B porque tiene más acciones en circulación, aunque el precio de las acciones sea el mismo.

La capitalización de mercado puede brindar información sobre cómo los inversores perciben el valor de una empresa, de manera similar a cómo se puede estimar el valor de un restaurante en función de sus ingresos potenciales y otros factores.

Capítulo 6

Estrategias de Trading Simples

Resumen

Las estrategias de trading simples son técnicas utilizadas por inversores y traders para tomar decisiones sobre la compra y venta de acciones. Estas estrategias suelen utilizar indicadores básicos y patrones gráficos para identificar posibles oportunidades y riesgos.

Para explicar las estrategias de trading simples de una manera divertida, imaginemos que estás jugando al escondite. Tienes que encontrar a tus amigos que se están escondiendo en un gran parque. Decides utilizar una estrategia simple: buscar a tus amigos cerca de los árboles o arbustos, ya que son buenos lugares para esconderse.

De manera similar, las estrategias de trading simples utilizan indicadores básicos y patrones para identificar posibles oportunidades en el mercado de valores. Por ejemplo, una estrategia de trading simple es la estrategia de cruce de medias móviles. Esta estrategia consiste en observar dos medias móviles, una a corto plazo y otra a largo plazo, y comprar o vender cuando la media móvil a corto plazo cruza por encima o por debajo de la media móvil a largo plazo. Esta estrategia puede ayudar a los inversores a identificar posibles tendencias y cambios en el precio de una acción.

Otra estrategia de trading simple es el breakout trading, que consiste en comprar una acción cuando rompe por encima de un nivel de resistencia clave o vender cuando cae por debajo de un nivel de soporte clave. Esta estrategia puede ayudar a los inversores a aprovechar los posibles cambios en el impulso del precio de una acción.

Cruce de medias móviles

El cruce de medias móviles es una estrategia de trading popular y simple que consiste en comparar dos medias móviles para identificar posibles cambios en la tendencia del precio de una acción. La estrategia de cruce de medias móviles suele utilizar una media móvil a corto plazo y una media móvil a largo plazo para identificar señales de compra y venta.

Para explicar el cruce de medias móviles de una manera divertida, imaginemos que eres un pronosticador del clima tratando de predecir la temperatura para el día siguiente. Sabes que la temperatura en los últimos días ha estado fluctuando, así que decides utilizar una media móvil para ayudarte a hacer tu predicción. Calculas el promedio de la temperatura de los últimos tres días, y si la temperatura actual está por encima de la media móvil, predices que la temperatura seguirá subiendo. Sin embargo, si la temperatura actual está por debajo de la media móvil, predices que la temperatura bajará.

De manera similar, en el mercado de valores, los cruces de medias móviles pueden ayudar a los inversores a predecir posibles cambios en la tendencia del precio de una acción. Por ejemplo, supongamos que estás analizando una acción que tiene una media móvil de 50 días y una media móvil de 200 días. Si la media móvil de 50 días cruza por encima de la media móvil de 200 días, podría indicar una posible tendencia alcista y una oportunidad de compra. Por el contrario, si la media móvil de 50 días cruza por debajo de la media móvil de 200 días, podría indicar una posible tendencia bajista y una oportunidad de venta.

Los cruces de medias móviles pueden ser una herramienta útil para que los inversores identifiquen posibles tendencias en el precio de una acción, de manera similar a cómo una media móvil puede ayudar a un pronosticador del clima a predecir la tendencia de la temperatura.

Trading de ruptura

El trading de breakout es una estrategia simple y popular que implica identificar posibles cambios en el impulso del precio de una acción al buscar rupturas por encima de niveles clave de resistencia o por debajo de niveles clave de soporte.

Para explicar el trading de breakout de una manera divertida, imaginemos que eres un piloto de carreras tratando de adelantar a tus competidores. Te das cuenta de que el automóvil que está delante de ti está conduciendo a un ritmo constante, pero de repente ves una oportunidad de adelantar cuando reducen la velocidad en una curva. Aceleras rápidamente y te desmarcas del grupo, dejando atrás a tus competidores.

De manera similar, en el mercado de valores, el trading de breakout implica identificar oportunidades potenciales para comprar o vender una acción en función de niveles de precio clave. Por ejemplo, si una acción ha estado operando en un rango entre $50 y $60 durante varias semanas, y de repente rompe por encima del nivel de resistencia de $60, podría señalar una posible ruptura y una oportunidad de compra. Por otro lado, si la acción rompe por debajo del nivel de soporte de $50, podría señalar una posible caída y una oportunidad de venta.

Un ejemplo de estrategia de trading de breakout es el Canal de Donchian. Esta estrategia implica establecer dos medias móviles: una para el precio más alto y otra para el precio más bajo, durante un cierto período de tiempo. Si el precio actual rompe por encima de la media móvil más alta, señala una posible oportunidad de compra, mientras que si el precio actual rompe por debajo de la media móvil más baja, señala una posible oportunidad de venta.

En general, el trading de breakout puede ser una herramienta útil para que los inversores identifiquen posibles cambios en el impulso del precio de una acción y aprovechen oportunidades de compra o venta, de manera similar a cómo un piloto de carreras puede desmarcarse del grupo y adelantar a sus competidores al aprovechar el momento adecuado.

Seguir tendencias

Seguir tendencias es una estrategia de trading popular que implica identificar y seguir la tendencia actual del precio de una acción a lo largo del tiempo. Los seguidores de tendencias buscan obtener ganancias comprando acciones que están en una tendencia alcista y vendiendo acciones que están en una tendencia bajista.

Para explicar el seguimiento de tendencias de una manera divertida, imaginemos que eres un surfista tratando de atrapar una ola. Sabes que para atrapar una buena ola, debes remar hacia el océano y esperar el momento adecuado en que la ola se forme. Una vez que ves la ola, remas con fuerza y la atrapas, montándola hasta la orilla.

De manera similar, en el mercado de valores, los seguidores de tendencias reman hacia el mercado y buscan acciones que están formando una tendencia. Por ejemplo, si una acción ha estado aumentando consistentemente de precio en los últimos meses, podría señalar una tendencia alcista y una oportunidad de compra para los seguidores de tendencias. Por otro lado, si una acción ha estado disminuyendo consistentemente de precio durante el mismo período, podría señalar una tendencia bajista y una oportunidad de venta.

Un ejemplo de estrategia de seguimiento de tendencias es el Cruce de Medias Móviles. Esta estrategia implica el uso de dos medias móviles: una media móvil a corto plazo y una media móvil a largo plazo, para identificar posibles oportunidades de compra y venta. Cuando la media móvil a corto plazo cruza por encima de la media móvil a largo plazo, señala una posible tendencia alcista y una oportunidad de compra. Cuando la media móvil a corto plazo cruza por debajo de la media móvil a largo plazo, señala una posible tendencia bajista y una oportunidad de venta.

En general, el seguimiento de tendencias puede ser una herramienta útil para que los inversores aprovechen la tendencia actual del precio de una acción, similar a cómo un surfista puede atrapar una ola remando hacia el océano y esperando el momento adecuado para montarla hasta la orilla.

Operativa a largo plazo

La operativa a largo plazo es una estrategia de trading que implica mantener acciones durante varias semanas o incluso meses, con el objetivo de obtener ganancias a partir de movimientos de precios a largo plazo. Los operadores a largo plazo suelen utilizar una combinación de análisis fundamental y técnico para identificar posibles oportunidades de compra y venta.

Para explicar la operativa a largo plazo de una manera divertida, imaginemos que eres un jardinero que planta un árbol. Elijes cuidadosamente un lugar con buena tierra, suficiente luz solar y espacio suficiente para que el árbol crezca. Cuidas del árbol con el tiempo, regándolo y protegiéndolo de plagas y enfermedades, hasta que se convierte en un árbol hermoso y fuerte que proporciona sombra y frutos durante muchos años.

De manera similar, en el mercado de valores, los operadores a largo plazo eligen cuidadosamente acciones en las que creen que tienen buenos fundamentos y potencial de crecimiento. Invierten en estas acciones y las mantienen a lo largo del tiempo, monitoreándolas y realizando ajustes según sea necesario. Por ejemplo, si un operador a largo plazo invierte en una empresa que tiene un sólido balance, una ventaja competitiva y un mercado en crecimiento, es posible que mantenga la acción durante varios meses o incluso años, esperando que su valor aumente con el tiempo.

Un ejemplo de estrategia de operativa a largo plazo es el enfoque de Inversión en Valor. Esta estrategia implica identificar acciones infravaloradas que se negocian por debajo de su valor intrínseco y tienen potencial de crecimiento futuro.

Los inversores en valor suelen utilizar el análisis fundamental para identificar estas acciones, observando factores como las ganancias, los activos y el flujo de efectivo de la empresa. Invierten en estas acciones y las mantienen a largo plazo, esperando que su valor aumente a medida que la empresa crece y se vuelve más rentable.

La operativa a largo plazo puede ser una herramienta útil para que los inversores construyan una cartera de acciones de alta calidad y las mantengan a lo largo del tiempo, similar a cómo un jardinero planta cuidadosamente un árbol y lo cuida con el tiempo para que crez ca en un árbol fuerte y fructífero.

Capítulo 7

Gestión del Riesgo

Resumen

La gestión del riesgo es un aspecto fundamental del trading exitoso y consiste en tomar medidas para minimizar posibles pérdidas y proteger el capital de inversión. Para gestionar el riesgo de manera efectiva, los traders emplean diversas estrategias, como establecer órdenes de stop-loss, determinar el tamaño de posición y diversificar. Las órdenes de stop-loss implican establecer un nivel de precio predeterminado en el cual una posición se venderá automáticamente para limitar las pérdidas en caso de que el mercado se mueva en contra del trader. El tamaño de posición implica determinar el tamaño adecuado de una posición en función de factores como la tolerancia al riesgo del trader, el tamaño de la cuenta y las condiciones del mercado. La diversificación implica distribuir las inversiones en múltiples activos, mercados e industrias para minimizar el riesgo y la exposición a un solo activo o mercado. Al reconocer la importancia de la gestión del riesgo en el trading e incorporarla en sus estrategias, los traders pueden evitar decisiones emocionales, protegerse contra las pérdidas y mejorar su rendimiento general. Una gestión del riesgo efectiva es esencial para el trading exitoso y puede ayudar a los traders a navegar por la naturaleza impredecible y volátil de los mercados financieros.

Establecer órdenes de stop-loss

Establecer órdenes de stop-loss es una parte esencial de la gestión del riesgo en el trading. Implica establecer un nivel de precio predeterminado en el cual una posición se venderá automáticamente para limitar las posibles pérdidas en caso de que el mercado se mueva en contra del trader. Para entender las órdenes de stop-loss, imagina hacer un viaje en automóvil con un GPS que te advierte cuando estás a punto de superar el límite de velocidad o tomar una ruta peligrosa. Al igual que el GPS te ayuda a evitar peligros potenciales, las órdenes de stop-loss ayudan a los traders a evitar pérdidas excesivas que podrían ser perjudiciales para sus cuentas de trading.

Por ejemplo, imagina que un trader compra una acción a $100 con una orden de stop-loss establecida en $95. Si el precio de la acción cae a $95, se activa la orden y la posición se vende, limitando la pérdida a $5 por acción. Esto ayuda a prevenir pérdidas significativas y también libera capital para otras oportunidades de trading.

Establecer órdenes de stop-loss es una forma simple pero efectiva de gestionar el riesgo en el trading. Al igual que el sistema de GPS en un automóvil, las órdenes de stop-loss ayudan a los traders a evitar peligros potenciales y mantenerse en el camino hacia sus objetivos de trading.

Determinación del tamaño de posición

La determinación del tamaño de posición es una estrategia importante de gestión del riesgo utilizada por los traders para determinar el tamaño adecuado de una posición en función de factores como su tolerancia al riesgo, el tamaño de la cuenta y las condiciones del mercado. Para entender la determinación del tamaño de posición, imagina hacer la maleta para un viaje e intentar meter todo lo que necesitas en una maleta. Quieres asegurarte de tener suficiente ropa, pero también debes tener en cuenta el tamaño y el peso de la maleta, así como las restricciones de equipaje.

Por ejemplo, imagina que un trader tiene una cuenta de trading de $10,000 y desea comprar una acción con un precio de $100 por acción. Basándose en su tolerancia al riesgo, deciden arriesgar solo el 2% de su cuenta por operación, es decir, $200. Con una orden de stop-loss establecida en $95, solo pueden comprar dos acciones de la acción, lo que representa una inversión total de $200.

Esto asegura que el trader no esté arriesgando demasiado de su cuenta en una sola operación y les permite mantenerse dentro de sus niveles de tolerancia al riesgo. Mediante el uso de la determinación del tamaño de posición, los traders pueden optimizar su relación riesgo-recompensa y limitar sus posibles pérdidas al tiempo que maximizan sus posibles ganancias.

La determinación del tamaño de posición es una parte crucial de la gestión del riesgo efectiva en el trading. Al igual que hacer la maleta para un viaje, implica considerar cuidadosamente el tamaño y el peso de las inversiones para asegurarse de que los traders no estén asumiendo demasiado riesgo o poniendo demasiada presión en sus cuentas de trading.

La diversificación es una estrategia de gestión del riesgo utilizada por los traders para distribuir sus inversiones en varios activos, mercados e industrias, con el fin de reducir el impacto de cualquier inversión individual o una caída en el mercado. Para entender la diversificación, imagina ir a un buffet y probar un poco de todo. Quieres disfrutar de una variedad de sabores y no depender demasiado de un solo plato.

Por ejemplo, imagina que un trader tiene una cuenta de trading de $50,000 y desea invertir en acciones de tecnología. En lugar de poner todo su dinero en una sola empresa tecnológica, deciden diversificar sus inversiones comprando acciones de varias empresas tecnológicas diferentes, así como de otras industrias como la salud y la energía.

Este enfoque ayuda a mitigar el riesgo y las posibles pérdidas, ya que cualquier caída en el sector tecnológico no afectará significativamente a su cartera general. Al distribuir sus inversiones en diferentes mercados e industrias, los traders pueden beneficiarse de múltiples fuentes de crecimiento potencial al tiempo que minimizan su exposición a un solo activo o mercado.

La diversificación es una forma efectiva de gestionar el riesgo en el trading. Al igual que disfrutar de una variedad de platos en un buffet, la diversificación de las inversiones permite a los traders disfrutar de una variedad de posibles recompensas al tiempo que reducen su dependencia de una sola inversión o mercado.

La importancia de la gestión de riesgos

La importancia de la gestión del riesgo en el trading no puede ser subestimada. Es como conducir un automóvil con el cinturón de seguridad puesto. No esperas tener un accidente, pero usas el cinturón de seguridad para protegerte en caso de un evento inesperado. De manera similar, los traders necesitan tener estrategias adecuadas de gestión del riesgo para protegerse de eventos de mercado inesperados que podrían afectar negativamente sus operaciones.

Por ejemplo, imagina un trader que compra una acción sin tener establecida una orden de stop-loss. Si el precio de la acción cae significativamente, el trader podría perder una cantidad considerable de dinero. Sin embargo, si el trader hubiera establecido una orden de stop-loss, habría limitado sus posibles pérdidas.

Una gestión del riesgo efectiva puede ayudar a los traders a lograr el éxito a largo plazo al reducir el impacto de cualquier operación individual o evento de mercado. Implica implementar estrategias como la determinación del tamaño de posición, la diversificación y el establecimiento de órdenes de stop-loss, así como monitorear y ajustar continuamente las estrategias de gestión del riesgo a medida que cambian las condiciones del mercado.

La gestión del riesgo es una parte esencial del trading exitoso. Es como usar un cinturón de seguridad al conducir: esperas no necesitarlo, pero es crucial tenerlo en caso de eventos inesperados. Al implementar estrategias efectivas de gestión del riesgo, los traders pueden proteger sus inversiones, reducir sus posibles pérdidas y aumentar sus posibilidades de éxito a largo plazo en los mercados.

Capítulo 8

Psicología del Trading

Resumen

La psicología del trading se refiere a la mentalidad y estado emocional de un trader al tomar decisiones de inversión. Es importante que los traders tengan disciplina, control emocional y paciencia para tener éxito en el mercado. Los traders deben superar desafíos psicológicos comunes, como el miedo y la codicia, para tomar decisiones de inversión racionales. Las emociones a menudo pueden nublar el juicio de un trader, llevando a decisiones impulsivas y pérdidas. Los traders exitosos desarrollan una mentalidad de disciplina y paciencia, lo que les permite mantener la calma y tomar decisiones racionales durante condiciones volátiles del mercado.

Disciplina

La disciplina es un elemento crucial del trading exitoso, ya que ayuda a los traders a evitar decisiones impulsivas y apegarse a su plan de trading, lo que puede ayudar a minimizar las pérdidas y maximizar las ganancias. Los traders que carecen de disciplina son más propensos a sucumbir a sus emociones y tomar decisiones basadas en el miedo, la codicia u otros factores fuera de su plan de trading, lo que puede llevar a decisiones irracionales y, en última instancia, perjudicar su rentabilidad.

Para mantener la disciplina, los traders deben tener un plan de trading bien definido que establezca sus objetivos, estrategias, reglas de gestión del riesgo y criterios de trading. Este plan debe seguirse de manera constante, incluso en momentos de incertidumbre o volatilidad en el mercado. Los traders también deben practicar buenos hábitos, como llevar un diario de trading para hacer un seguimiento de su progreso y evaluar su desempeño.

Desarrollar disciplina en el trading lleva tiempo y práctica. Los traders deben comprometerse a seguir su plan y evitar decisiones impulsivas que puedan llevar a pérdidas. También deben aprender a manejar sus emociones y mantener la calma bajo presión, ya que esto puede ayudarles a tomar mejores decisiones en condiciones desafiantes del mercado. Al mantener la disciplina, los traders pueden mejorar sus posibilidades de éxito y alcanzar sus objetivos financieros en el mercado.

Plan de acción disciplinado

Desarrollar un plan de acción disciplinado es un paso importante que los traders deben tomar para mantener su enfoque y consistencia en el mercado. Para crear un plan de acción disciplinado, los traders deben comenzar por establecer metas claras que definan sus objetivos a largo y corto plazo en el mercado.

A continuación, deben desarrollar un plan de trading bien definido que incluya sus estrategias, reglas de gestión del riesgo y criterios de trading, basado en sus objetivos y adaptable a las condiciones cambiantes del mercado.

Establecer una rutina de trading que incluya un horario fijo para monitorear el mercado, analizar datos y realizar operaciones también es importante. Esta rutina también debe incluir tiempo para la autorreflexión y evaluación del desempeño.

Para gestionar el riesgo, los traders deben implementar una estrategia de gestión del riesgo que incluya el establecimiento de órdenes de stop-loss, el tamaño de posición y la diversificación para limitar las pérdidas y preservar el capital.

Mantener un diario de trading para hacer un seguimiento del progreso y evaluar el desempeño es crucial para mantener la responsabilidad. Buscar retroalimentación de otros traders o profesionales también puede ayudar a identificar áreas de mejora.

Al adherirse a su plan de acción disciplinado, los traders pueden desarrollar los hábitos y rutinas necesarios para tener éxito en el mercado. Si bien lleva tiempo y esfuerzo construir la disciplina, es un elemento clave para convertirse en un trader exitoso.

Control emocional

El control emocional es un aspecto esencial del trading exitoso y se puede comparar con el arte de surfear. Al igual que un surfista necesita mantener su equilibrio y surfear las olas sin dejarse llevar por la emoción o el miedo, un trader debe mantener la calma y estar concentrado al navegar por los altibajos del mercado.

Por ejemplo, un trader puede sentirse emocionado cuando una acción que posee sube rápidamente, lo que puede llevarlo a asumir más riesgo del que está dispuesto a tolerar. Por otro lado, puede sentir miedo o pánico cuando una acción que posee cae rápidamente, lo que puede llevarlo a vender prematuramente y perder posibles ganancias futuras.

Para mantener el control emocional, los traders pueden utilizar diversas técnicas como la respiración profunda, la visualización o la terapia cognitivo-conductual. También pueden crear un plan de trading que incluya reglas para manejar las emociones y adherirse a él independientemente de sus sentimientos en el momento.

Al aprender a surfear las olas de sus emociones como un surfista, los traders pueden tomar decisiones más racionales, evitar problemas comunes como el miedo a perderse oportunidades (FOMO, por sus siglas en inglés) y la venta en pánico, y en última instancia, lograr un mayor éxito en el mercado.

Paciencia

La paciencia es una cualidad vital para los traders y se puede comparar con la jardinería. Al igual que un jardinero debe esperar a que sus plantas crezcan y se desarrollen con el tiempo, los traders deben ser pacientes y permitir que sus inversiones maduren y aumenten su valor.

Por ejemplo, un trader podría sentir la tentación de vender una acción que no muestra ganancias inmediatas o hacer operaciones impulsivas basadas en fluctuaciones del mercado a corto plazo. Sin embargo, al ejercer la paciencia, pueden esperar las oportunidades adecuadas para comprar o vender y evitar tomar decisiones precipitadas que podrían perjudicar su cartera.

Para cultivar la paciencia, los traders pueden establecer expectativas realistas, aprender a manejar sus emociones y enfocarse en objetivos a largo plazo en lugar de ganancias a corto plazo. Al igual que un jardinero debe regar, fertilizar y cuidar sus plantas, los traders también deben monitorear regularmente sus inversiones y realizar los ajustes necesarios en sus estrategias.

Al adoptar un enfoque paciente en el trading, los traders pueden desarrollar la resiliencia y la fortaleza necesarias para superar las fluctuaciones del mercado y finalmente lograr un mayor éxito en sus inversiones, al igual que un jardinero cosecha las recompensas de su trabajo arduo y paciencia con una cosecha abundante.

Superar los desafíos psicológicos comunes en el trading

Para ampliar la analogía de navegar en un océano turbulento, el trading a menudo puede sentirse como una batalla constante contra olas de emociones e incertidumbre. Al igual que un marinero debe confiar en sus instrumentos y depender de su experiencia para navegar en aguas agitadas, un trader debe tener un sólido entendimiento de su estrategia de trading y técnicas de gestión del riesgo para sobrellevar la volatilidad del mercado. Esto requiere disciplina, control emocional y paciencia, así como disposición para adaptarse a las condiciones cambiantes y aprender de errores pasados.

Por ejemplo, al experimentar el miedo a perderse oportunidades (FOMO, por sus siglas en inglés), un trader puede sentir un fuerte impulso de comprar una acción que está aumentando rápidamente de precio, temiendo perderse posibles ganancias. Sin embargo, esto puede llevar a decisiones impulsivas e irracionales y resultar en pérdidas significativas. Para superar este desafío, un trader puede utilizar técnicas como establecer metas de trading claras, adherirse a un plan de trading predefinido y evitar distracciones como las redes sociales o las alertas de noticias.

De manera similar, al experimentar miedo a las pérdidas o exceso de confianza, un trader puede tomar decisiones basadas en emociones en lugar de análisis objetivo, lo que conduce a resultados de trading deficientes. Para superar estos desafíos, un trader puede utilizar técnicas como herramientas de gestión del riesgo, como órdenes de stop-loss y dimensionamiento de posición, así como buscar comentarios y apoyo de una comunidad de trading o mentor.

En resumen, superar los desafíos psicológicos comunes en el trading requiere una combinación de autoconciencia, disciplina, y disposición para aprender y adaptarse. Al tratar el trading como un viaje a través de aguas turbulentas, los traders pueden mantenerse enfocados en su destino y navegar la volatilidad del mercado con confianza y resiliencia.

Capítulo 9

Creación de un Plan de Trading

Resumen

El Capítulo 9 guía a los lectores en la construcción de un plan de trading para ayudarles a alcanzar sus objetivos de trading. El capítulo incluye pasos para establecer metas de trading claras y realistas, definir reglas de trading, hacer un seguimiento del rendimiento y ajustar el plan en función de los resultados. Se enfatiza la importancia de seguir el plan, hacer un seguimiento del progreso y ser adaptable a las condiciones cambiantes del mercado. Un enfoque disciplinado y una evaluación regular del plan son cruciales para el éxito en el mercado de valores.

Establecimiento de metas de trading

Establecer metas de trading se puede comparar con planificar una emocionante aventura. Al igual que en cualquier aventura, es necesario tener un destino claro en mente y un plan para alcanzarlo. En el mundo del trading de acciones, tu destino es tu objetivo final, que puede ser desde construir riqueza a largo plazo hasta generar ingresos. Para llegar allí, es necesario establecer objetivos específicos y medibles en el camino, al igual que planificar las paradas en un viaje por carretera.

Sin embargo, al igual que en cualquier aventura, puede haber giros inesperados y el mercado de valores puede ser impredecible. Por eso es importante tener un plan flexible que pueda adaptarse a las condiciones cambiantes del mercado. Ya seas un trader a corto plazo o un inversor a largo plazo, tener un plan de trading claro y bien definido puede ayudarte a mantener el enfoque y la motivación, incluso cuando el mercado se vuelve difícil. Estableciendo metas alcanzables, haciendo un seguimiento de tu progreso y ajustando el plan según sea necesario, puedes convertir tu aventura de trading en un viaje exitoso.

Definición de reglas de trading

La definición de reglas de trading es como establecer un plan de juego para un equipo deportivo. Al igual que un entrenador debe establecer reglas claras y estrategias para que su equipo las siga, un trader debe establecer sus propias reglas y pautas para navegar en el mercado de valores. Estas reglas pueden incluir desde puntos de entrada y salida hasta estrategias de gestión del riesgo, y están diseñadas para mantener al trader en el camino correcto y enfocado en sus objetivos.

Al igual que un equipo deportivo debe seguir su plan de juego para ganar, un trader debe adherirse a su conjunto de reglas para tener éxito en el mercado de valores. Sin un conjunto bien definido de pautas, es más probable que un trader tome decisiones emocionales y se desvíe de su plan, lo que puede llevar a costosos errores.

Al tomarse el tiempo para establecer un conjunto de reglas de trading que se alineen con sus objetivos y tolerancia al riesgo, un trader puede aumentar sus posibilidades de éxito y mantener la disciplina frente a la volatilidad del mercado. Al igual que un equipo deportivo que sigue su plan de juego, un trader que sigue su conjunto de reglas puede mantenerse enfocado y tomar decisiones informadas, lo que lleva a la rentabilidad a largo plazo.

Seguimiento del rendimiento

Realizar un seguimiento del rendimiento en el trading es como llevar la puntuación en un juego. Al igual que un equipo registra sus puntos y progreso a lo largo de un juego para determinar si están ganando o perdiendo, un trader necesita hacer un seguimiento de su rendimiento para determinar si está cumpliendo sus objetivos y progresando hacia la rentabilidad.

Al llevar un registro de métricas clave de rendimiento, como ganancias y pérdidas, relación de ganancias y pérdidas, y duración promedio de las operaciones, un trader puede identificar áreas en las que destaca y áreas en las que necesita mejorar. Esta información luego se puede utilizar para ajustar su plan de trading y estrategias, ayudándoles a optimizar su rendimiento y aumentar sus posibilidades de éxito.

Al igual que un equipo deportivo que utiliza estadísticas del juego para ajustar su plan de juego y mejorar sus posibilidades de ganar, un trader que realiza un seguimiento de su rendimiento puede utilizar estos datos para perfeccionar su enfoque de trading y mejorar su rentabilidad. Al mantener un estrecho control sobre su rendimiento y realizar ajustes según sea necesario, un trader puede mantenerse en la cima de su juego y seguir alcanzando sus objetivos de trading.

Ajustar el plan según los resultados

Ajustar un plan de trading según los resultados es como ajustar las velas en un velero para navegar vientos y corrientes cambiantes. Al igual que un marinero necesita ajustar constantemente sus velas para mantenerse en curso y avanzar hacia su destino, un trader debe ajustar su plan de trading para mantenerse en el rumbo y alcanzar sus objetivos.

Al analizar los resultados de sus operaciones y realizar un seguimiento de su rendimiento, un trader puede identificar patrones y tendencias que pueden requerir ajustes en su plan de trading. Esto podría implicar modificar los puntos de entrada y salida, ajustar la estrategia de gestión del riesgo o incluso cambiar por completo su enfoque de trading.

Al igual que un marinero que ajusta sus velas para aprovechar el viento y mantenerse en curso, un trader que ajusta su plan de trading en función de sus resultados puede mantenerse en el rumbo y aprovechar las oportunidades del mercado. Al ser flexible y adaptable, un trader puede navegar por las cambiantes condiciones del mercado y optimizar sus posibilidades de éxito.

Si un trader está obteniendo consistentemente beneficios y alcanzando sus objetivos de trading, puede que no sea necesario realizar cambios importantes en su plan de trading. Sin embargo, sigue siendo importante realizar un seguimiento y analizar su rendimiento para identificar cualquier área de mejora o riesgo potencial. Además, las condiciones del mercado pueden cambiar rápidamente y incluso un trader exitoso puede necesitar ajustar su plan en respuesta a nuevas oportunidades o desafíos. Por lo tanto, aunque no siempre sea necesario realizar cambios importantes, el seguimiento y análisis continuo siguen siendo esenciales para el éxito a largo plazo en el trading.

Capítulo 10

Plataformas y Herramientas de trading

Resumen

El Capítulo 10 del libro se centra en las plataformas y herramientas de trading. El capítulo proporciona una visión general de las populares plataformas de trading que son comúnmente utilizadas por los traders. También profundiza en las diferentes características y beneficios de estas plataformas, brindando a los lectores una idea de lo que deben buscar al elegir una plataforma que se adapte a sus necesidades. El capítulo además analiza las herramientas utilizadas en el análisis técnico y fundamental, proporcionando a los traders una mejor comprensión de cómo estas herramientas pueden utilizarse para tomar decisiones de trading informadas. Al final del capítulo, los lectores tendrán una mejor comprensión de las diversas plataformas y herramientas de trading disponibles, y cómo pueden ser utilizadas para mejorar su experiencia de trading.

Plataformas populares de trading

Cuando se trata de plataformas populares de trading, existen varias opciones disponibles para los traders. Algunas de las plataformas más conocidas incluyen Robinhood, E*TRADE, TD Ameritrade, Tradestation, Interactive Brokers y Fidelity, entre otras. Cada plataforma tiene sus propias características y beneficios únicos, y los traders deben tomarse el tiempo para investigar y comparar diferentes plataformas para encontrar aquella que mejor se adapte a sus necesidades individuales y preferencias.

Por ejemplo, Robinhood es conocida por su interfaz fácil de usar y operaciones sin comisiones, mientras que E*TRADE ofrece herramientas avanzadas de gráficos y una amplia gama de opciones de inversión. TD Ameritrade es popular por sus extensos recursos de investigación y educación, mientras que Fidelity se destaca por sus bajas comisiones y excelente servicio al cliente.

En última instancia, la elección de la plataforma de trading dependerá de una variedad de factores, incluyendo el nivel de experiencia del trader, los objetivos de inversión y el estilo de trading. Es importante realizar una investigación exhaustiva y aprovechar las pruebas gratuitas o cuentas de demostración antes de comprometerse con una plataforma específica.

Características y beneficios de diferentes plataformas

Diferentes plataformas de trading ofrecen diferentes características y beneficios, haciéndolas adecuadas para diferentes tipos de traders. Por ejemplo, algunas plataformas pueden ofrecer herramientas avanzadas de gráficos e indicadores técnicos para aquellos que utilizan análisis técnico en su trading, mientras que otras pueden tener una amplia gama de instrumentos de trading o una mejor velocidad de ejecución para aquellos que priorizan el trading rápido y diversificado. Algunas plataformas también pueden proporcionar recursos educativos o funciones de trading social para principiantes o aquellos que prefieren seguir las estrategias de otros traders.

Es importante que los traders consideren su estilo de trading y preferencias individuales al elegir una plataforma, y evalúen cuidadosamente las características y beneficios de las diferentes opciones antes de tomar una decisión.

Robinhood

Robinhood es una plataforma de trading popular que ofrece una variedad de características y beneficios a sus usuarios. Uno de sus principales puntos de venta es el hecho de que ofrece operaciones sin comisiones, lo cual puede resultar especialmente atractivo para nuevos traders que buscan mantener sus costos bajos. Además, Robinhood ofrece una aplicación móvil y una interfaz web amigables para el usuario, lo que facilita a los traders gestionar sus carteras sobre la marcha. La plataforma también ofrece una variedad de opciones de inversión, incluyendo acciones, opciones, ETFs y criptomonedas, brindando a los traders muchas opciones para construir sus carteras. Robinhood también ofrece una variedad de recursos educativos, como artículos y videos, para ayudar a los usuarios a aprender más sobre el trading y la inversión. Sin embargo, es importante tener en cuenta que Robinhood ha tenido algunas controversias en el pasado, especialmente en relación a su manejo del apretón corto de GameStop, por lo que los traders pueden querer investigar por su cuenta y considerar cuidadosamente sus opciones antes de utilizar esta plataforma.

E*TRADE

ETRADE es una plataforma de trading en línea popular que ofrece una amplia gama de características y beneficios para los traders. Una de las principales fortalezas de la plataforma es su interfaz amigable para el usuario, que facilita la navegación y el uso tanto para traders novatos como experimentados. ETRADE también ofrece una variedad de recursos educativos, incluyendo webinars, artículos y videos, para ayudar a los traders a mejorar sus conocimientos y habilidades.

En cuanto a las herramientas de trading, ETRADE ofrece un panel de control personalizable, herramientas avanzadas de gráficos y datos de mercado en tiempo real para ayudar a los traders a tomar decisiones informadas. La plataforma también ofrece una variedad de tipos de órdenes, incluyendo órdenes de mercado, límite, stop y trailing stop, para dar a los traders un mayor control sobre sus operaciones.

Además, ETRADE ofrece una variedad de opciones de inversión, incluyendo acciones, bonos, fondos mutuos, ETFs y opciones, para ayudar a los traders a diversificar sus carteras. La plataforma también ofrece una aplicación móvil que permite a los traders acceder a sus cuentas y realizar operaciones sobre la marcha.

TD Ameritrade

TD Ameritrade es una plataforma de trading popular que ofrece una variedad de características y beneficios. Una de las principales ventajas de usar TD Ameritrade es su interfaz amigable para el usuario, que facilita a los traders de todos los niveles la navegación y ejecución de operaciones. Además, TD Ameritrade brinda acceso a una amplia gama de productos de inversión, incluyendo acciones, opciones, fondos mutuos y ETFs. Esta plataforma también ofrece herramientas e recursos de investigación para ayudar a los traders a tomar decisiones informadas, como noticias en tiempo real, datos de mercado e informes de analistas. TD Ameritrade también ofrece una variedad de plataformas de trading para elegir, incluyendo la plataforma basada en web, thinkorswim, y la aplicación móvil. Finalmente, TD Ameritrade ofrece precios competitivos y bajas comisiones, lo que la convierte en una opción atractiva para traders que buscan mantener los costos bajos. En general, TD Ameritrade es una plataforma de trading completa que ofrece una variedad de características y beneficios para los traders que desean invertir en el mercado de valores.

Interactive Brokers

Interactive Brokers (IB) es una plataforma de trading popular que ofrece una amplia gama de características y beneficios para los traders. IB brinda acceso a más de 135 mercados en 33 países y ofrece herramientas de trading avanzadas para el análisis técnico y fundamental. Uno de los principales beneficios de utilizar IB son los bajos costos de operación, con algunas de las comisiones y tarifas más bajas de la industria. IB también brinda acceso a una amplia gama de clases de activos, incluyendo acciones, opciones, futuros, divisas y bonos.

Otra característica clave de IB es su potente plataforma de trading, que permite a los traders personalizar su experiencia de trading y utilizar herramientas avanzadas como gráficos, backtesting y trading algorítmico. IB también ofrece una variedad de recursos de investigación y educación, incluyendo comentarios de mercado, webinars y cursos en línea.

Además, IB ofrece una variedad de tipos de cuenta, incluyendo cuentas individuales, conjuntas y corporativas, así como cuentas para asesores financieros e instituciones. Con múltiples plataformas de trading, tipos de cuenta y una amplia gama de características y beneficios, IB es una opción popular para traders de todos los niveles.

Tradestation

Tradestation es una plataforma de trading que proporciona herramientas avanzadas de gráficos y análisis para los traders. Ofrece una variedad de características y beneficios, incluyendo una plataforma de trading completamente personalizable, herramientas poderosas de análisis técnico y una amplia gama de recursos educativos. Tradestation también brinda acceso a una variedad de mercados, incluyendo acciones, opciones, futuros y forex, permitiendo a los traders diversificar sus carteras. La plataforma también ofrece capacidades de trading automatizado y permite a los traders desarrollar y probar sus propias estrategias de trading. Tradestation también cuenta con un equipo de soporte al cliente dedicado y ofrece precios competitivos para los traders. En general, Tradestation es una plataforma completa para traders experimentados que buscan herramientas y características avanzadas para mejorar sus estrategias de trading.

Fidelity

Fidelity es una plataforma de trading popular que ofrece una variedad de características y beneficios a sus usuarios. Una de las principales ventajas de utilizar Fidelity es su interfaz intuitiva y fácil de usar, que permite a los traders acceder y utilizar sus herramientas y características de manera sencilla. Fidelity también ofrece una variedad de herramientas y recursos de investigación, incluyendo datos de mercado, noticias y recursos educativos, que pueden ayudar a los traders a tomar decisiones de trading informadas. Además, Fidelity ofrece tarifas de trading bajas, ETFs sin comisiones y una variedad de opciones de inversión, incluyendo acciones, bonos y fondos mutuos. Fidelity también ofrece herramientas avanzadas de trading, incluyendo trading de opciones y trading con margen, para traders más experimentados. En general, Fidelity es una plataforma de trading versátil que puede satisfacer las necesidades tanto de traders principiantes como de traders experimentados.

Herramientas para análisis técnico y fundamental

Las herramientas para análisis técnico y fundamental pueden proporcionar a los traders información valiosa para ayudar en sus decisiones de inversión. Las herramientas de análisis técnico incluyen software de gráficos, que permite a los traders trazar movimientos de precios e identificar patrones de precios, así como indicadores como el Convergencia/Divergencia de Medias Móviles (MACD), el índice de fuerza relativa (RSI) y las Bandas de Bollinger. Estas herramientas pueden ayudar a los traders a identificar tendencias, momentum y posibles señales de compra o venta. Por otro lado, las herramientas de análisis fundamental se centran en los indicadores financieros y económicos de una empresa, incluyendo ganancias, ingresos y ratio de deuda-patrimonio. Estas herramientas pueden ayudar a los traders a determinar el valor intrínseco de una empresa y su potencial de crecimiento. Ejemplos de herramientas de análisis fundamental incluyen fuentes de noticias financieras, calendarios de ganancias y herramientas de filtrado que permiten a los traders seleccionar acciones basadas en métricas financieras específicas. En conjunto, estas herramientas pueden proporcionar a los traders una imagen integral del mercado y de las empresas en las que están interesados en operar.

Índice de Fuerza Relativa (RSI)

El Índice de Fuerza Relativa (RSI) es un oscilador de momentum que mide la velocidad y el cambio de los movimientos de precios. Se utiliza para identificar condiciones de sobrecompra y sobreventa en un mercado. El RSI oscila entre 0 y 100 y se utiliza típicamente con un período de 14, lo que significa que los últimos 14 periodos (o velas) del activo se tienen en cuenta en el cálculo.

El RSI se calcula utilizando la siguiente fórmula:

RSI = 100 - (100 / (1 + RS))

Donde RS es la ganancia promedio durante el período especificado dividida por la pérdida promedio durante el mismo período.

Interpretación del RSI

Un valor de RSI de 70 o más indica que un valor está volviéndose sobrecomprado o sobrevalorado y puede estar preparado para una reversión de tendencia o una corrección de precios.

Una lectura de RSI de 30 o menos indica una condición de sobreventa o subvalorada.

Ejemplo:

Considera una acción con los siguientes precios de cierre durante 15 días:

Día 1: $50

Día 2: $46

Día 3: $47

Día 4: $48

Día 5: $51

Día 6: $52

Día 7: $56

Día 8: $57

Día 9: $58

Día 10: $63

Día 11: $62

Día 12: $61

Día 13: $65

Día 14: $66

Día 15: $67

Primero, calcula los cambios de precio cada día. Por ejemplo, el cambio del día 1 al día 2 es -$4 ($46-$50), del día 2 al día 3 es +$1 ($47-$46), y así sucesivamente.

Luego, calcula la ganancia promedio y la pérdida promedio durante el período de 14 días. En este caso, digamos que la ganancia promedio es de $1.5 y la pérdida promedio es de -$1.

A continuación, calcula el RS (fuerza relativa), que es la ganancia promedio dividida por el valor absoluto de la pérdida promedio. En este caso, RS = $1.5 / $1 = 1.5.

Finalmente, calcula el RSI utilizando la fórmula dada anteriormente. En este caso, RSI = 100 - (100 / (1 + 1.5)) = 60.

Este valor de RSI de 60 sugiere que la acción tiene más impulso alcista que bajista, pero aún no se encuentra en el rango de sobrecompra (>70), lo que sugiere que aún podría ser una buena oportunidad de compra.

Una vez más, es importante tener en cuenta que el RSI es solo una herramienta entre muchas, y debe utilizarse en conjunto con otras herramientas y estrategias de análisis técnico.

MACD

El Moving Average Convergence Divergence (MACD) es un indicador de momentum que sigue la tendencia y muestra la relación entre dos medias móviles del precio de un valor. El MACD se calcula restando la Media Móvil Exponencial (EMA) de 26 períodos a la EMA de 12 períodos. El resultado de ese cálculo es la línea del MACD. Luego, se traza una EMA de nueve días del MACD, llamada "línea de señal", encima de la línea del MACD, la cual puede funcionar como un disparador de señales de compra y venta.

Aquí te explico cómo puedes interpretar el MACD:

La línea del MACD cruza por encima de la línea de señal: Esto se considera una señal alcista, lo que indica que podría ser un buen momento para comprar.

La línea del MACD cruza por debajo de la línea de señal: Esto se considera una señal bajista, lo que indica que podría ser un buen momento para vender.

La línea del MACD cruza por encima de la línea cero: Esto también sugiere una señal alcista.

La línea del MACD cruza por debajo de la línea cero: Esto sugiere una señal bajista.

Además de esto, el histograma del MACD (que se deriva de la diferencia entre la línea del MACD y la línea de señal) también se puede utilizar para identificar señales alcistas y bajistas. Si el histograma está por encima de cero (la línea del MACD está por encima de la línea de señal), esto se considera alcista, y si está por debajo de cero (la línea del MACD está por debajo de la línea de señal), esto se considera bajista.

Ejemplo:

Consideremos una acción hipotética con las siguientes EMAs de 12 días y 26 días:

Día 1: EMA de 12 días = $50, EMA de 26 días = $48

Día 2: EMA de 12 días = $51, EMA de 26 días = $49

Día 3: EMA de 12 días = $52, EMA de 26 días = $50

Día 4: EMA de 12 días = $53, EMA de 26 días = $51

Día 5: EMA de 12 días = $54, EMA de 26 días = $52

Podemos calcular la línea del MACD restando la EMA de 26 días a la EMA de 12 días:

Día 1: MACD = $50 - $48 = $2

Día 2: MACD = $51 - $49 = $2

Día 3: MACD = $52 - $50 = $2

Día 4: MACD = $53 - $51 = $2

Día 5: MACD = $54 - $52 = $2

A continuación, calculamos la EMA de 9 días del MACD, que

actúa como nuestra línea de señal. Supongamos que esto da como resultado $2.2 en el Día 5.

En el Día 5, nuestra línea del MACD ($2) está por debajo de nuestra línea de señal ($2.2), lo que se consideraría una señal bajista, lo que indica que podría ser un buen momento para vender.

Recuerde usar que el MACD es un oscilador de momentum y se utiliza mejor en mercados con tendencia. Puede generar señales falsas en mercados con rangos limitados. Por lo tanto, es esencial utilizarlo en conjunto con otras formas de análisis técnico.

Las Bandas de Bollinger

Las Bandas de Bollinger son una herramienta de análisis técnico desarrollada por John Bollinger en la década de 1980 para operar en los mercados financieros. Se utilizan para medir la altura o profundidad del mercado en relación con operaciones anteriores y para identificar posibles condiciones de sobrecompra y sobreventa en el mercado.

Las Bandas de Bollinger constan de tres líneas:

La Banda Media: Es un promedio móvil simple (SMA) que mide la tendencia a medio plazo. Por lo general, se establece en 20 períodos.

La Banda Superior: Se calcula como el promedio móvil simple (banda media) más un número determinado de desviaciones estándar (generalmente 2). Mide la altura.

La Banda Inferior: Se calcula como el promedio móvil simple (banda media) menos un número determinado de desviaciones estándar (generalmente 2). Mide la profundidad.

Las bandas se amplían durante períodos de mayor volatilidad y se estrechan durante períodos de menor volatilidad.

Cómo interpretar las Bandas de Bollinger:

Sobrecompra y sobreventa: Si el precio alcanza la banda superior, el activo podría considerarse sobrecomprado y puede ser un buen momento para vender o abrir una posición corta. Por el contrario, si el precio alcanza la banda inferior, el activo podría considerarse sobrevendido y puede ser un buen momento para comprar.

Rompimientos de precios: Si el precio se mueve fuera de las bandas, podría indicar el comienzo de una tendencia significativa en la dirección del rompimiento.

Contracción de las Bandas de Bollinger: Si las bandas se acercan entre sí, comprimiendo el promedio móvil, se le llama "contracción". Una contracción señala un período de baja volatilidad y es considerada por los operadores como una posible señal de futura mayor volatilidad y oportunidades de trading.

Ejemplo:

Consideremos una acción hipotética con los siguientes precios durante 5 días:

Día 1: $50

Día 2: $51

Día 3: $52

Día 4: $53

Día 5: $54

El SMA de 5 días sería $52 (($50 + $51 + $52 + $53 + $54) / 5).

Supongamos que la desviación estándar del precio durante estos 5 días es de $1.

La banda superior sería el SMA más dos veces la desviación estándar, que es $54 ($52 + 2*$1).

La banda inferior sería el SMA menos dos veces la desviación estándar, que es $50 ($52 - 2*$1).

Si el precio en el Día 6 se dispara a $56, que está por encima de la Banda de Bollinger superior, esto podría considerarse una condición de sobrecompra, y algunos operadores podrían considerar vender la acción.

Si el precio en el Día 6 cae a $48, que está por debajo de la Banda de Bollinger inferior, esto podría considerarse una condición de sobreventa, y algunos operadores podrían considerar comprar la acción.

Es importante tener en cuenta que las Bandas de Bollinger son solo una herramienta y, al igual que todos los indicadores técnicos, no deben utilizarse de forma aislada. Son más efectivas cuando se utilizan en conjunto con otros indicadores o estrategias.

Es importante destacar que muchas plataformas de trading también ofrecen su propio conjunto de herramientas para el análisis técnico y fundamental. Estas herramientas pueden incluir software de gráficos, buscadores de acciones que cumplen con criterios específicos y feeds de noticias para mantenerse actualizado sobre eventos que mueven el mercado. Algunas plataformas incluso ofrecen recursos educativos como webinars y tutoriales para ayudar a los operadores a mejorar sus habilidades de análisis. Al utilizar estas herramientas, los operadores pueden obtener una comprensión más profunda del mercado y tomar decisiones de trading más informadas.

Capítulo 11

Ejemplos del Mundo Real y Estudios de Caso

Resumen

En el mundo del trading de acciones, nada es más instructivo que los ejemplos y casos de la vida real. Este capítulo tiene como objetivo aprovechar las experiencias del mundo real, ofreciendo a los lectores la oportunidad de aprender tanto de los triunfos como de los errores que los operadores han enfrentado en el pasado.

Comenzaremos discutiendo ejemplos de operaciones exitosas. Profundizaremos en las historias de los operadores que han logrado aprovechar su comprensión del mercado de valores para tomar decisiones ganadoras. Estos casos no solo destacarán las estrategias que utilizaron, sino también las circunstancias en las que ejecutaron sus operaciones. Analizaremos sus movimientos, paso a paso, en un intento por comprender el análisis fundamental y técnico que se empleó en estas decisiones.

Sin embargo, como cualquier operador experimentado te dirá, el trading no siempre se trata de victorias. Por lo tanto, también examinaremos errores comunes en el trading. Desde malinterpretar las señales del mercado hasta no implementar estrategias sólidas de gestión del riesgo, estos ejemplos arrojarán luz sobre los errores que los operadores suelen cometer. Nuestro objetivo aquí no es criticar, sino aprender, convirtiendo estos tropiezos en valiosas lecciones para nuestros lectores.

Por último, nos basaremos en una amplia gama de experiencias del mundo real, discutiendo no solo operaciones individuales, sino también los recorridos comerciales generales de varias personas. Exploraremos cómo comenzaron, cómo desarrollaron sus estrategias de trading y cómo manejaron los aspectos psicológicos del trading. Algunas de estas historias podrían ser sobre pequeñas victorias y crecimiento incremental, mientras que otras podrían involucrar pérdidas significativas y recuperaciones posteriores.

A través de esta mezcla de historias de éxito, relatos preventivos y diversos recorridos comerciales, este capítulo tiene como objetivo proporcionar a los lectores una visión equilibrada y realista de lo que implica el trading. Entender los conceptos de trading en teoría es una cosa; ver cómo se desarrollan en el mundo real e impredecible del mercado de valores es algo completamente diferente. Al final de este capítulo, los lectores deberían tener una comprensión más profunda de la aplicación de los principios de trading y las realidades de la vida como operador.

Ejemplos de operaciones exitosas

Este es un emocionante viaje en el que nos adentramos en historias de la vida real sobre operaciones exitosas en el mercado de valores. Este capítulo tiene como objetivo proporcionar una comprensión más profunda de los mecanismos detrás de las operaciones rentables y las estrategias que condujeron a su éxito. Al analizar estos ejemplos, esperamos ofrecer ideas que puedan ayudar a guiar sus propias decisiones comerciales.

Sin embargo, a medida que exploramos estas instancias de triunfos comerciales, es esencial entender que no son una garantía de ganancias. En cambio, sirven como ilustraciones de cómo el análisis del mercado, la planificación cuidadosa, la gestión del riesgo y la paciencia pueden unirse para crear una oportunidad de éxito.

Queridos lectores, a medida que se sumerjan en estas historias, les instamos a resistir la tentación de replicar estas operaciones ciegamente. Recuerden que cada operación ocurre en un contexto de mercado único. Lo que funcionó en el pasado no necesariamente funcionará en el futuro.

El objetivo de compartir estas operaciones exitosas no es alentarlos a duplicar estas estrategias exactas, sino entender los principios subyacentes que guiaron estas decisiones. Queremos que aprendan cómo estos traders analizaron el mercado, cómo identificaron oportunidades y cómo gestionaron sus riesgos.

Los guiaremos paso a paso a través de estas operaciones, explicando el razonamiento detrás de cada decisión y los factores que contribuyeron a los resultados exitosos. Nuestro objetivo es proporcionarles conocimientos e ideas que les ayuden a desarrollar sus propias estrategias de trading exitosas. Así que sumerjámonos y aprendamos de los éxitos de los demás, siempre recordando que el trading implica riesgos y requiere una planificación cuidadosa y la toma de decisiones.

El Breakout de Apple en 2004

En 2004, Apple Inc. estaba a punto de lanzar el primer iPod, un producto que revolucionaría la industria de la música.

Las acciones de la compañía se negociaban en un rango entre \$1.50 y \$3.50 (ajustadas por división) durante aproximadamente tres años. A medida que se acercaba la fecha de lanzamiento del iPod, los traders comenzaron a especular sobre su éxito, y las acciones comenzaron a acercarse al extremo superior del rango.

Un trader astuto en ese momento habría notado esta fase de consolidación como una posible configuración para una operación de breakout. Cuando el precio de las acciones rompió por encima del nivel de resistencia de \$3.50 con un volumen elevado en abril de 2004, fue una clara señal de compra. Si un trader hubiera comprado en este nivel de breakout y hubiera mantenido las acciones durante un año, habría obtenido una considerable ganancia, ya que las acciones subieron hasta aproximadamente \$14 en abril de 2005.

Para dar una analogía, esto es como notar una fila creciente de personas afuera de un restaurante que aún no ha abierto. Deduces que debe haber algo bueno sobre el restaurante. Entonces, cuando finalmente abren las puertas (el breakout), sigues a la multitud hacia adentro, esperando disfrutar de una comida fantástica (ganancia).

La Sorpresa de Ganancias de Netflix en 2013

En enero de 2013, Netflix reportó sus ganancias del cuarto trimestre de 2012, donde sorprendentemente obtuvo ganancias a pesar de las expectativas de pérdidas de los analistas. El precio de las acciones estaba alrededor de \$100 antes del anuncio de ganancias. Después del anuncio, las acciones abrieron con un gap alrededor de \$146 al día siguiente, un increíble aumento del 46% de un día para otro.

Un trader que hubiera realizado un análisis fundamental exhaustivo podría haber notado la rápida expansión de la base de suscriptores de Netflix y decidido tomar una posición larga antes del anuncio de ganancias, yendo en contra del consenso. La sorpresa en las ganancias resultó en una gran recompensa para el trader.

Para usar una analogía, esto es como apostar por un caballo oscuro en una carrera. Mientras que todos los demás subestiman al caballo basándose en su desempeño pasado, tú notas que ha mejorado constantemente y decides apoyarlo. La carrera comienza y, para sorpresa de todos, el caballo oscuro gana, brindándote una sustancial recompensa.

Tendencia alcista a largo plazo de Amazon (2009 - Presente)

Tras la crisis financiera de 2008, el precio de las acciones de Amazon inició una fuerte tendencia al alza a medida que la compañía consolidaba su dominio en el espacio minorista en línea y se expandía a otras áreas como la computación en la nube.

Un trader que reconoció el potencial del modelo de negocio de Amazon y la tendencia a largo plazo podría haber comprado acciones en mediados de 2009, cuando se cotizaban alrededor de $85. Avanzando hasta el 2023, el precio de las acciones se encuentra en miles de dólares, lo que representa un rendimiento de más del 1000%.

Una analogía para esto es plantar un retoño en tierra fértil. Comprendes el potencial del retoño (el prometedor modelo de negocio de Amazon) y la calidad del suelo (la tendencia emergente del comercio minorista en línea). Con el tiempo, con las condiciones adecuadas y el cuidado adecuado, el retoño crece hasta convertirse en un árbol masivo, brindando abundantes frutos (rendimientos).

Bitcoin's Rally in 2020

En 2020, Bitcoin experimentó un importante rally. A principios de año, Bitcoin se cotizaba alrededor de $7,200. Para finales de año, el precio había aumentado a casi $29,000, un incremento de más del 300%.

Un trader que había estado siguiendo los movimientos del precio de Bitcoin y estaba al tanto del creciente interés en las criptomonedas podría haber comprado Bitcoin a principios de 2020. Para finales de año, habrían obtenido una ganancia sustancial.

La analogía aquí es atrapar una ola mientras se surfea. Te das cuenta de que la ola está creciendo (aumento del interés en las criptomonedas) y te posicionas correctamente. A medida que la ola se forma, la surfeas hasta el final, resultando en una experiencia emocionante y exitosa (operación rentable).

Errores comunes en el trading

Al embarcarte en tu camino en el mundo del trading de acciones, es crucial recordar que el éxito no solo se trata de tomar las decisiones correctas, sino también de evitar las incorrectas. Todo trader, sin importar su experiencia, puede cometer errores. Sin embargo, algunos errores son más comunes que otros, especialmente entre aquellos que son nuevos en el trading.

Es importante entender que estos errores comunes pueden llevar a pérdidas significativas y, en algunos casos, poner en peligro todo tu capital de trading. Por eso te imploramos, nuestros estimados lectores, que prestes mucha atención a este capítulo y hagas todo lo posible por evitar estos errores comunes.

Los errores pueden ser excelentes maestros, pero en el mundo del trading, la matrícula puede ser bastante costosa. Es mucho mejor aprender estas lecciones aquí y ahora, en lugar de aprenderlas de la manera difícil más adelante. No solo enumeraremos estos errores comunes, sino que también proporcionaremos estrategias sobre cómo evitarlos.

Desde entrar en operaciones sin un plan claro hasta dejar que las emociones guíen tus decisiones, discutiremos estos errores en detalle. Explicaremos por qué pueden ser tan perjudiciales y proporcionaremos consejos prácticos para ayudarte a evitarlos. Recuerda que el objetivo del trading no es solo ganar, sino también evitar perder. Al comprender y evitar estos errores comunes en el trading, estarás en camino de convertirte en un trader más disciplinado, enfocado y exitoso. Entonces, sumerjámonos y aprendamos cómo evitar estos errores comunes.

No tener un plan de trading:

Muchos traders, especialmente los principiantes, se lanzan al trading sin un plan claro. Compran y venden basándose en emociones o corazonadas vagas, lo que a menudo conduce a pérdidas.

Estrategia de evitación:

Siempre ten un plan de trading. Este plan debe detallar las condiciones bajo las cuales entrarás y saldrás de las operaciones, tu estrategia de gestión del riesgo y tus objetivos. Sigue tu plan y ajústalo solo después de un análisis cuidadoso de tu desempeño en el trading.

Operar en exceso:

Algunos traders, impulsados por la emoción o el deseo de recuperar rápidamente las pérdidas, realizan demasiadas operaciones. Esto puede llevar a costos de transacción significativos y a una toma de decisiones deficiente.

Ignorar la gestión del riesgo:

Algunos traders están tan enfocados en las ganancias potenciales que pasan por alto el riesgo involucrado en sus operaciones. Esto puede llevar a pérdidas sustanciales que pueden agotar su capital de trading.

Dejar que las emociones controlen las decisiones:

El trading puede evocar fuertes emociones, como el miedo y la codicia. Estas emociones pueden llevar a los traders a tomar decisiones irracionales, como aferrarse a posiciones perdedoras con la esperanza de que se recuperen o arriesgar demasiado en una "información privilegiada".

No mantener registros:

Algunos traders no registran sus operaciones. Esto dificulta aprender de los éxitos y fracasos pasados.

Descuidar la educación continua:

El mercado siempre está cambiando y las estrategias que funcionaron en el pasado pueden no funcionar en el futuro. Los traders que no se mantienen educados sobre los nuevos desarrollos pueden ver que su desempeño sufre.

Lecciones aprendidas de experiencias del mundo real

Embarcarse en un viaje al mundo del trading no solo se trata de entender los mecanismos de compra y venta de acciones, comprender estrategias de trading complejas o incluso de obtener ganancias. También se trata de aprender de las experiencias, tanto propias como las de los demás. En este capítulo, exploraremos la sabiduría que se puede obtener de experiencias reales en el trading, tanto exitosas como no tanto.

El campo del trading está lleno de historias de triunfos y derrotas. Algunos traders han hecho fortunas, mientras que otros han experimentado pérdidas significativas. Cada una de estas historias ofrece lecciones invaluables que pueden ayudarte a navegar de manera más efectiva en el panorama del mercado.

Sin embargo, es importante recordar que estas historias no son solo para inspiración o como advertencias. En cambio, sirven como estudios de casos prácticos que pueden brindarte información sobre diversos aspectos del trading, como la gestión del riesgo, el control emocional, la importancia de mantenerse informado y más.

Mientras leas este capítulo, te instamos a que tomes estas lecciones en serio. No solo leas estas historias de forma pasiva, sino involúcrate activamente con ellas. Pregúntate a ti mismo: ¿Qué salió bien o mal en estos escenarios? ¿Cómo habría actuado yo en estas situaciones? ¿Cómo puedo aplicar estas lecciones a mi propio viaje en el trading?

Recuerda, en el trading, cada experiencia es una oportunidad para aprender y crecer. Al comprender e interiorizar las lecciones de estas experiencias del mundo real, estarás mejor preparado para enfrentar lo que el mercado te presente. Sumergámonos en estas historias y descubramos las valiosas lecciones que contienen.

Aprender de las Pérdidas

Cada trader experimenta pérdidas. Un ejemplo memorable proviene del legendario trader Jesse Livermore, quien acumuló y luego perdió varias fortunas durante su carrera a principios del siglo XX. La mayor caída de Livermore fue su fracaso al adherirse a sus propias reglas sobre la toma de ganancias y la limitación de pérdidas. Después de experimentar una pérdida devastadora durante el colapso del mercado de valores en 1929, Livermore se dio cuenta de que se había vuelto demasiado confiado en su capacidad para predecir el mercado y había descuidado sus principios de gestión del riesgo.

Lección aprendida:

Esta experiencia subraya la importancia de tener y seguir un plan de trading. No importa cuán experimentado o confiado seas, siempre debes proteger tu capital de trading utilizando órdenes de stop-loss, estableciendo objetivos de ganancias y sin arriesgar demasiado en ninguna operación individual.

La Importancia de la Diversificación

Durante la burbuja de las empresas punto com a finales de la década de 1990, muchos traders e inversores se cargaron de acciones tecnológicas, atraídos por sus espectaculares rendimientos. Sin embargo, cuando la burbuja estalló en el año 2000, aquellos que estaban demasiado concentrados en acciones tecnológicas sufrieron pérdidas masivas.

Lección aprendida:

Esta experiencia destaca la importancia de la diversificación. Al distribuir tus inversiones en diferentes sectores, clases de activos y regiones geográficas, puedes reducir el riesgo y proteger tu cartera de pérdidas significativas en cualquier área.

El Peligro de la Sobrconfianza

La sobreconfianza puede ser la perdición de un trader. Esto se ejemplificó con Nick Leeson, el trader que por sí solo hizo colapsar el Banco Barings, el banco de inversión más antiguo del Reino Unido, en 1995. Leeson realizó operaciones no autorizadas y de alto riesgo, lo que inicialmente le reportó grandes ganancias. Sin embargo, cuando el mercado se volvió en su contra, sus pérdidas se acumularon rápidamente. En lugar de aceptar las pérdidas, la sobreconfianza de Leeson lo llevó a seguir operando en un intento de recuperarse, lo que solo empeoró la situación.

Lección aprendida:

Esta historia destaca el peligro de la sobreconfianza. Es importante abordar el trading con humildad, comprendiendo que el mercado puede moverse en tu contra, independientemente de tus habilidades o experiencia. Reconocer las pérdidas y saber cuándo cortarlas es una habilidad fundamental para cualquier trader.

La Necesidad de Control Emocional

Muchos traders han aprendido de manera difícil que permitir que las emociones guíen las decisiones de trading puede ser costoso. Un ejemplo clásico ocurrió durante la crisis financiera de 2008. Cuando el mercado comenzó a caer, muchos inversionistas entraron en pánico y vendieron sus posiciones, a menudo en el punto más bajo del mercado. Para cuando el mercado se recuperó, estos inversionistas habían incurrido en pérdidas substanciales y se perdieron la posterior recuperación.

Lección aprendida:

Esta experiencia subraya la importancia del control emocional en el trading. Es esencial tomar decisiones de trading basadas en análisis y un plan de trading predefinido, no en el miedo o la codicia.

El Impacto de las Noticias del Mercado

Los traders deben ser conscientes del impacto potencial de las noticias del mercado en sus operaciones. Por ejemplo, en

2020, muchos traders de petróleo se sorprendieron cuando los precios de los futuros del petróleo se volvieron negativos por primera vez en la historia. Este evento sin precedentes se debió a una combinación de disminución de la demanda debido a la pandemia de COVID-19 y la falta de capacidad de almacenamiento para el exceso de petróleo. Los traders que no estaban al tanto de estos desarrollos sufrieron pérdidas significativas.

Lección aprendida:

Esta situación destaca la importancia de mantenerse informado sobre las noticias del mercado y comprender cómo pueden afectar tus operaciones. Revisar regularmente las noticias financieras y ajustar tus estrategias de trading en consecuencia es una parte integral del trading exitoso.

Capítulo 12

Consejos y Mejores Prácticas para Nuevos Traders

Resumen

En el Capítulo 12, nos sumergimos en una colección de consejos valiosos y mejores prácticas diseñados específicamente para nuevos traders. Ya sea que estés comenzando en el emocionante mundo del trading o buscando perfeccionar tus habilidades, este capítulo tiene como objetivo brindar consejos prácticos para ayudarte a navegar los desafíos y maximizar tus posibilidades de éxito.

Aprender de traders exitosos es un aspecto fundamental para mejorar tus propias habilidades de trading. Al estudiar las estrategias y enfoques de aquellos que han logrado un éxito consistente, puedes obtener ideas sobre lo que funciona y lo que no. Exploraremos la sabiduría compartida por traders experimentados, su mentalidad y los hábitos que han contribuido a sus logros. Al absorber estas lecciones, puedes acelerar tu curva de aprendizaje y evitar errores comunes.

Las cuentas de simulación, también conocidas como cuentas de papel o de práctica, proporcionan un entorno libre de riesgos para practicar tus estrategias de trading. Discutiremos los beneficios de utilizar cuentas de simulación y cómo te permiten probar tus ideas, perfeccionar tus habilidades y ganar confianza sin arriesgar capital real. Esta herramienta valiosa puede ayudarte a refinar tu enfoque de trading y adquirir experiencia antes de comprometer fondos reales en el mercado.

El aprendizaje continuo y la mejora son cruciales para el éxito a largo plazo de cualquier trader. El mercado es dinámico y es esencial mantenerse informado sobre nuevos desarrollos, estrategias y técnicas. Exploraremos formas efectivas de mantenerse al día con el cambiante panorama del trading, como leer libros, seguir a expertos de la industria, participar en comunidades en línea y asistir a webinars o seminarios. Al adoptar una mentalidad de aprendizaje continuo, puedes mantenerte a la vanguardia y adaptarte eficazmente a las tendencias del mercado.

Equilibrar el trading con la vida personal a menudo se pasa por alto pero es fundamental para un éxito sostenible. El trading puede ser exigente, tanto mental como emocionalmente, y es importante encontrar un equilibrio saludable entre tus actividades de trading y tu bienestar personal. Discutiremos estrategias para gestionar tu tiempo de manera efectiva, mantener el bienestar emocional y cultivar relaciones con seres queridos mientras persigues tus metas de trading. Al encontrar este equilibrio, puedes mejorar tu felicidad general y rendimiento en el trading.

Mientras te sumerges en el Capítulo 12, recuerda que estos consejos y mejores prácticas han sido seleccionados para brindarte orientación y mejorar tu viaje en el trading. Aprovecha el conocimiento compartido por traders exitosos, utiliza cuentas de simulación, comprométete con el aprendizaje continuo y busca un equilibrio armonioso entre el trading y la vida personal. Al aplicar estas ideas, estarás mejor preparado para navegar las complejidades del mercado y cultivar una carrera de trading gratificante y próspera.

Aprender de traders exitosos es una práctica valiosa que puede mejorar enormemente tu propio viaje en el trading. Al estudiar las estrategias y experiencias de traders experimentados, puedes obtener conocimientos, evitar errores comunes y perfeccionar tu propio enfoque. Sumergámonos en este concepto con algo de contexto y ejemplos.

La inversión en valor de Warren Buffett

Warren Buffett, uno de los inversores más exitosos de todos los tiempos, se ha convertido en una figura icónica en el mundo de las inversiones. Construyó su riqueza a través de un enfoque disciplinado conocido como inversión en valor. Buffett se centra en identificar empresas subvaloradas con fundamentos sólidos y potencial a largo plazo.

Lección aprendida:

Al estudiar los principios de inversión de Buffett, como evaluar el valor intrínseco, realizar una investigación exhaustiva y tener una perspectiva a largo plazo, puedes obtener conocimientos sobre la selección exitosa de acciones y la importancia de invertir en lo que comprendes.

La gestión del riesgo de Jesse Livermore

Jesse Livermore fue un trader legendario a principios del siglo XX. Hizo y perdió fortunas en el mercado de valores. Las experiencias de Livermore le enseñaron la importancia de la gestión del riesgo. Él enfatizó la necesidad de cortar rápidamente las pérdidas cuando una operación va en contra, en lugar de aferrarse y esperar un cambio de rumbo.

Lección aprendida: A partir del enfoque de Livermore, los traders pueden aprender la importancia de establecer órdenes de stop-loss estrictas, limitar las pérdidas a niveles manejables y no dejar que las emociones anulen los principios de gestión del riesgo. Esta lección es crucial para preservar el capital y mantener una estrategia de trading disciplinada.

Paul Tudor Jones y el timing del mercado

Paul Tudor Jones es un renombrado gestor de fondos de cobertura conocido por sus exitosas operaciones macroeconómicas. Se hizo famoso por predecir el colapso del mercado de valores de 1987. Jones utilizó análisis técnico y timing del mercado para identificar puntos de inflexión clave en los mercados.

Lección aprendida: Los traders pueden aprender del enfoque de Jones en el timing del mercado y la importancia de estudiar gráficos, identificar patrones y utilizar indicadores técnicos para tomar decisiones de entrada y salida informadas. Esta lección enfatiza la importancia del timing en el trading y el potencial para aprovechar las tendencias del mercado.

Al aprender de traders exitosos, es crucial entender que sus enfoques pueden no funcionar en todas las condiciones del mercado o adaptarse a tu estilo de trading personal. Sin embargo, al estudiar sus estrategias, puedes obtener conocimientos valiosos sobre principios exitosos de trading, técnicas de gestión del riesgo y disciplina psicológica. Adapta e incorpora estas lecciones a tu propio estilo de trading, realizando ajustes que se alineen con tus objetivos y tolerancia al riesgo.

Recuerda, aprender de traders exitosos no significa imitar ciegamente sus acciones. En cambio, enfócate en comprender el razonamiento detrás de sus decisiones, analizar sus historiales y extraer principios valiosos que puedan mejorar tu propia habilidad en el trading. A través del aprendizaje continuo e incorporando estas lecciones, puedes desarrollar una base sólida para tu viaje en el trading.

El uso de cuentas de simulación

El uso de cuentas de simulación es una herramienta valiosa tanto para traders nuevos como experimentados. Estas cuentas de trading simuladas o virtuales te permiten practicar estrategias de trading, probar nuevas ideas y obtener experiencia práctica en un entorno sin riesgo. Vamos a explorar este concepto con un poco de contexto.

Cuando te adentras por primera vez en el mundo del trading, es crucial adquirir experiencia práctica sin arriesgar dinero real. Aquí es donde entran en juego las cuentas de simulación. Proporcionan una plataforma que simula condiciones reales del mercado, lo que te permite ejecutar operaciones, monitorear su desempeño y seguir tu progreso sin usar capital real.

Con una cuenta de simulación, puedes replicar todo el proceso de trading, desde el análisis del mercado hasta la ejecución y gestión de operaciones. Puedes probar diferentes estrategias de trading, evaluar la efectividad de indicadores técnicos o patrones de gráficos, y experimentar con diversas técnicas de gestión del riesgo. Esta experiencia práctica te ayuda a ganar confianza y comprender las complejidades del proceso de trading antes de comprometer fondos reales.

Las cuentas de simulación ofrecen varios beneficios:

Ambiente sin riesgo: Las cuentas de simulación ofrecen un entorno sin riesgo para que los traders exploren diversos aspectos del trading. La ausencia de riesgo financiero real asegura que cualquier pérdida incurrida no tenga un impacto directo en tus finanzas. Esta libertad te permite experimentar con diferentes ideas de trading, aprender de los errores y refinar tus estrategias sin el temor de repercusiones financieras.

Plataforma de aprendizaje:

Además, las cuentas de simulación brindan una excelente plataforma para el aprendizaje y el desarrollo de habilidades. Al ejecutar operaciones, analizar movimientos del mercado y observar los resultados, puedes obtener una comprensión más profunda de la dinámica del mercado, identificar patrones y descubrir tus fortalezas y debilidades como trader.

Prueba de estrategias:

Además, cuando te encuentres con una nueva estrategia o técnica de trading, las cuentas de simulación te permiten probarla a fondo antes de comprometer fondos reales. Esta fase de prueba te permite evaluar la efectividad de la estrategia, realizar los ajustes necesarios y determinar si se ajusta a tu estilo y objetivos de trading.

En última instancia, el uso de una cuenta de simulación no

solo fomenta el aprendizaje y el desarrollo de habilidades, sino que también ayuda a construir confianza en tus habilidades de toma de decisiones. Te permite familiarizarte con la plataforma de trading y el proceso de ejecución, equipándote con la confianza necesaria para navegar con éxito en el trading en vivo.

Aprendizaje y mejora continua

En el mundo del trading, donde las condiciones del mercado están en constante cambio, el aprendizaje y la mejora continua son vitales para el éxito a largo plazo. Como trader, tu capacidad para adaptarte a nueva información, refinar tus estrategias y mantenerte a la vanguardia puede marcar la diferencia entre un desempeño promedio y resultados excepcionales. El aprendizaje continuo implica un compromiso de ampliar tus conocimientos y habilidades a través de diversos recursos educativos y experiencias. Es un viaje constante de mejora personal que te capacita para navegar por la complejidad de los mercados financieros con confianza y precisión. En este capítulo, exploraremos la importancia del aprendizaje continuo y proporcionaremos ideas prácticas sobre cómo adoptar esta mentalidad en tu camino en el trading. Así que embarquémonos en una búsqueda de conocimiento, crecimiento y mejora constante mientras descubrimos el poder del aprendizaje continuo en el mundo del trading.

El aprendizaje y la mejora continua son componentes esenciales de un exitoso viaje en el trading. La naturaleza siempre cambiante de los mercados financieros requiere que los traders se mantengan actualizados y se adapten a nuevos desarrollos, estrategias y técnicas. Al comprometerse con el aprendizaje continuo, los traders pueden mejorar sus conocimientos, refinar sus habilidades y tomar decisiones informadas basadas en la información más reciente. Esto implica buscar activamente recursos educativos, como libros, cursos en línea, webinars y foros, para expandir su comprensión de diversos conceptos de trading. Un ejemplo de la importancia del aprendizaje continuo se puede ver en el auge del trading algorítmico. A medida que la tecnología avanza, los traders que se educan continuamente sobre estrategias y herramientas de trading algorítmico pueden aprovechar la automatización y el análisis cuantitativo para obtener una ventaja competitiva en el mercado. Al mantenerse actualizados y mejorar continuamente sus habilidades, los traders pueden navegar de manera más efectiva por las cambiantes condiciones del mercado y aumentar sus posibilidades de éxito a largo plazo.

Equilibrar el trading con la vida personal

Equilibrar el trading con la vida personal es un aspecto fundamental para el bienestar general y el éxito a largo plazo de un trader. Involucrarse en el mundo del trading puede ser exigente y consumir mucho tiempo, ya que a menudo se requiere monitorear constantemente los mercados, analizar datos y ejecutar operaciones. Sin embargo, es esencial lograr un equilibrio armonioso entre los compromisos de trading y la vida personal para mantener el bienestar emocional, nutrir las relaciones y evitar el agotamiento.

Lograr este equilibrio requiere una gestión efectiva del tiempo y la priorización. Implica asignar tiempo dedicado a las actividades de trading, al mismo tiempo que se reserva tiempo para el autocuidado, la familia y los hobbies. Encontrar este equilibrio puede ayudar a reducir los niveles de estrés y permitir un viaje de trading más sostenible.

Por ejemplo, consideremos a una trader llamada Sarah. Sarah es apasionada por el trading y pasa la mayor parte de sus horas despierta analizando gráficos, leyendo noticias financieras y gestionando su cartera. Sin embargo, con el tiempo, Sarah se da cuenta de que su obsesión por el trading ha llevado al descuido de su salud y sus relaciones personales. Experimenta agotamiento y nota un deterioro en su desempeño como trader.

Para recuperar el equilibrio, Sarah decide implementar medidas específicas. Establece un horario estructurado de trading que le permite concentrarse en los mercados durante momentos predeterminados, dedicando el resto de su día a actividades personales. Reserve tiempo para hacer ejercicio, relajarse, pasar tiempo de calidad con sus seres queridos y dedicarse a sus hobbies. Al hacerlo, Sarah no solo mejora su bienestar general, sino que también obtiene una nueva perspectiva sobre su trading. Con una mente más clara y un nivel de estrés reducido, puede tomar mejores decisiones de trading y mantener una integración más saludable entre el trabajo y la vida personal.

Equilibrar el trading con la vida personal es un proceso continuo que requiere autoconocimiento, disciplina y la capacidad de establecer límites. Es crucial reconocer que una vida personal satisfactoria respalda y mejora el rendimiento en el trading. Al encontrar el equilibrio adecuado, los traders pueden mantener su motivación, resistencia mental y felicidad en general, lo que finalmente conduce al éxito a largo plazo tanto en sus carreras de trading como en sus vidas personales.

Capítulo 13

Preguntas Frecuentes

Resumen

En el Capítulo 13, abordamos las preguntas comunes que suelen surgir entre los traders principiantes. Entendemos que comenzar tu viaje en el mundo del trading puede resultar abrumador y es posible que tengas numerosas dudas e incertidumbres. Este capítulo tiene como objetivo proporcionar respuestas y orientación para ayudarte a navegar a través de estas preocupaciones comunes y obtener claridad en tus esfuerzos de trading.

Hemos recopilado una lista completa de preguntas frecuentes que los traders principiantes suelen encontrar. Estas preguntas abarcan una amplia gama de temas, incluidas estrategias de trading, gestión de riesgos, análisis técnico y fundamental, plataformas de trading y más. Ya sea que estés interesado en los conceptos básicos del trading o busques orientación sobre conceptos avanzados, este capítulo te tiene cubierto.

Nuestras respuestas de expertos brindan explicaciones claras y concisas, ofreciendo consejos prácticos y perspicacia para abordar cada pregunta de manera efectiva. Nuestro objetivo es desmitificar conceptos complejos y brindar orientación que pueda ayudarte a tomar decisiones de trading informadas. Al abordar estas preguntas frecuentes, esperamos brindarte el conocimiento y la confianza necesarios para navegar de manera más efectiva en el panorama del trading.

A medida que explores este capítulo, ten en cuenta que estas preguntas y respuestas sirven como punto de partida. El mundo del trading es vasto y está en constante evolución, por lo que es esencial seguir aprendiendo y buscar nuevos conocimientos más allá del contenido de este capítulo. Nuestro objetivo es equiparte con la comprensión básica necesaria para embarcarte en tu viaje de trading y animarte a participar en una educación y exploración continuas.

Preguntas comunes de los traders principiantes

Abordamos las preguntas más comunes que suelen surgir entre los traders principiantes. A medida que te embarcas en tu viaje de trading, es natural tener incertidumbres y buscar orientación. Este capítulo proporciona respuestas e ideas para ayudarte a navegar por estas preocupaciones comunes, brindándote una mejor comprensión del panorama del trading. Hemos recopilado una lista completa de preguntas frecuentes y brindado respuestas claras y concisas para ayudarte a tomar decisiones informadas. Sumérgete en este capítulo y descubre las respuestas a estas preguntas candentes, capacitándote en tu camino de trading.

¿Qué es una bolsa de valores?

Una bolsa de valores es un mercado donde compradores y vendedores se reúnen para comerciar acciones y otros valores. Proporciona una plataforma regulada para que las empresas emitan y vendan acciones, y para que los inversores compren y vendan esas acciones.

¿Qué es una acción y cómo funciona?

Los principiantes suelen buscar una comprensión de lo básico, como qué es una acción y cómo funciona dentro de los mercados financieros. Quieren saber el concepto de propiedad, cómo se determinan los precios de las acciones y cómo los inversores pueden obtener ganancias comprando y vendiendo acciones.

¿Cómo puedo abrir una cuenta de trading?

Los traders nuevos a menudo preguntan sobre el proceso de abrir una cuenta de trading. Quieren saber los pasos necesarios, la documentación requerida y las opciones disponibles para ellos en términos de elegir una firma de corretaje o plataforma.

¿Cuál es la diferencia entre una orden de mercado y una orden límite?

Los traders a menudo buscan aclaración sobre la distinción entre las órdenes de mercado y las órdenes límite. Quieren entender cómo funcionan estos tipos de órdenes, cuándo usarlos y las implicaciones de cada uno en la ejecución de operaciones.

¿Cuáles son los riesgos involucrados en el trading?

Los principiantes expresan con frecuencia preocupaciones sobre los riesgos asociados con el trading. Quieren entender el potencial de pérdidas financieras, la volatilidad del mercado y la importancia de las estrategias de gestión de riesgos para proteger su capital.

¿Cómo analizo acciones y tomo decisiones de trading?

Los traders principiantes a menudo preguntan sobre el análisis de acciones y los procesos de toma de decisiones. Quieren aprender sobre el análisis fundamental (evaluar la salud financiera de una empresa) y el análisis técnico (analizar gráficos de precios y patrones) para tomar decisiones de trading informadas.

¿Cuánto dinero necesito para comenzar a hacer trading?

La cantidad de dinero necesaria para comenzar a hacer trading varía según la cuenta de trading y la estrategia que elijas. Algunos brokers ofrecen requisitos de depósito mínimo bajos, mientras que otros pueden requerir un capital inicial más alto. Es importante comenzar con una cantidad con la que te sientas cómodo arriesgando y considerar factores como las comisiones de trading y las posibles pérdidas.

¿Cuál es la diferencia entre análisis técnico y análisis fundamental?

El análisis técnico implica estudiar patrones de precios, tendencias e indicadores para tomar decisiones de trading. Por otro lado, el análisis fundamental se centra en analizar la salud financiera de una empresa, las tendencias de la industria y los factores económicos para evaluar su valor intrínseco. Ambos enfoques brindan perspectivas diferentes sobre el trading y se pueden utilizar juntos o por separado.

¿Cómo gestiono el riesgo en el trading?

La gestión del riesgo es crucial en el trading. Puedes gestionar el riesgo estableciendo órdenes de stop-loss para limitar las posibles pérdidas, diversificando tu cartera y no arriesgando demasiado de tu capital en una sola operación. Además, tener un plan de trading bien definido y cumplirlo puede ayudar a mitigar los riesgos.

¿Qué es una plataforma de trading y cuál debería usar?

Una plataforma de trading es un software que te permite realizar operaciones y monitorear la actividad del mercado. Hay diversas plataformas de trading disponibles, cada una con sus propias características y beneficios. Es importante elegir una plataforma que se alinee con tus objetivos de trading, preferencias y que ofrezca las herramientas y capacidades de análisis necesarias.

¿Cómo elijo una estrategia de trading?

Elegir una estrategia de trading depende de tu estilo de trading, tolerancia al riesgo y condiciones del mercado. Algunas estrategias comunes incluyen el seguimiento de tendencias, el trading de rupturas y el swing trading. Es esencial investigar y comprender diferentes estrategias, experimentar con ellas en una cuenta de simulación y elegir una que se ajuste a tus objetivos y personalidad.

¿Puedo hacer trading a tiempo parcial o mientras tengo un trabajo a tiempo completo?

Sí, se puede hacer trading a tiempo parcial, incluso mientras se tiene un trabajo a tiempo completo. Requiere una gestión efectiva del tiempo, establecer horas específicas para el trading y utilizar herramientas como órdenes límite y stop-loss para gestionar las operaciones mientras no estés monitoreando activamente los mercados.

¿Cuáles son las implicaciones fiscales del trading?

Las implicaciones fiscales del trading varían según tu jurisdicción. En muchos países, las ganancias obtenidas en el trading pueden estar sujetas a impuestos sobre las ganancias de capital. Es importante consultar con un profesional de impuestos o un contador que pueda brindar orientación específica a tu situación y asegurar el cumplimiento de las leyes fiscales.

¿Cuánto tiempo se tarda en convertirse en un trader exitoso?

Convertirse en un trader exitoso es un proceso que varía para cada individuo. Requiere tiempo, práctica y aprendizaje continuo. Algunos traders pueden alcanzar el éxito relativamente rápido, mientras que otros pueden tardar más tiempo. La consistencia, la disciplina y la capacidad de adaptarse a las condiciones del mercado son factores clave para convertirse en un trader exitoso.

¿Qué recursos puedo utilizar para mejorar mi conocimiento de trading?

Existen diversos recursos disponibles para mejorar tu conocimiento de trading, como libros, cursos en línea, webinars, foros y sitios web educativos. Es beneficioso explorar una combinación de fuentes confiables y participar en comunidades o mentorías para obtener información de traders experimentados.

Respuestas y orientación para traders principiantes

Las respuestas y orientación para traders principiantes son fundamentales para construir una base sólida y navegar por las complejidades del mundo del trading. Los traders principiantes suelen tener una gran cantidad de preguntas e incertidumbres al comenzar su camino en el trading. Buscan conocimientos prácticos y consejos que les ayuden a tomar decisiones informadas y mejorar sus habilidades de trading. Aquí tienes algunos ejemplos de respuestas y orientación que pueden ser beneficiosos para los traders principiantes:

Gestión del riesgo:

Los traders principiantes necesitan comprender la importancia de gestionar el riesgo. La orientación sobre cómo establecer órdenes de stop-loss, determinar el tamaño de las posiciones en función de la tolerancia al riesgo y diversificar la cartera puede ayudar a proteger su capital. Por ejemplo, aconsejar a los traders principiantes que limiten su exposición al riesgo a un pequeño porcentaje del saldo total de su cuenta de trading.

Estrategias de trading:

Los traders principiantes a menudo necesitan orientación para seleccionar una estrategia de trading que se adapte a sus objetivos y tolerancia al riesgo. Proporcionar explicaciones y ejemplos de diversas estrategias, como el seguimiento de tendencias, el trading de rupturas o el swing trading, puede ayudarles a tomar decisiones informadas. Por ejemplo, explicar cómo las estrategias de seguimiento de tendencias implican identificar y operar con la tendencia predominante del mercado.

Psicología y control emocional:

Los traders principiantes deben aprender sobre los aspectos psicológicos del trading, incluido el impacto de las emociones en la toma de decisiones. La orientación sobre cómo desarrollar disciplina, gestionar el miedo y la codicia, y mantener una mentalidad equilibrada es fundamental. Por ejemplo, enfatizar la importancia de seguir un plan de trading predefinido y evitar decisiones impulsivas impulsadas por las emociones.

Análisis Técnico y Fundamental:

Los traders principiantes a menudo buscan orientación sobre cómo analizar datos del mercado, interpretar gráficos y comprender los factores fundamentales que afectan los precios de las acciones. Proporcionar ejemplos de herramientas de análisis técnico, como medias móviles o patrones de velas, así como conceptos de análisis fundamental, como informes de ganancias o tendencias de la industria, puede ayudar a los traders principiantes a ganar confianza en su análisis.

Psicología del Trading:

Los traders principiantes pueden enfrentar desafíos relacionados con la mentalidad, como el miedo a las pérdidas o la presión de obtener constantemente ganancias. Ofrecer orientación sobre cómo mantener la paciencia, la perseverancia y expectativas realistas puede ayudar a los traders principiantes a superar obstáculos psicológicos. Por ejemplo, enfatizar la importancia de ver el trading como un viaje a largo plazo y enfocarse en el aprendizaje continuo y la mejora constante.

Estas son solo algunas de las preguntas comunes y la orientación que los traders principiantes pueden encontrar útiles al embarcarse en su viaje de trading. Recuerda que el trading es un proceso de aprendizaje continuo y que cada trader puede encontrar su propio enfoque y estrategia a medida que adquiere experiencia y conocimientos.

Capítulo 14

Glosario y Recursos

Resumen

El Capítulo 14 sirve como un valioso punto de referencia para los traders, proporcionando un glosario de términos clave y una lista seleccionada de recursos adicionales para un aprendizaje más profundo. A medida que los traders naveg-an por el dinámico mundo del trading, es esencial tener una comprensión clara de la terminología utilizada en la indu-stria. Este glosario sirve como una guía integral, definiendo y explicando el significado de varios términos y conceptos comúnmente encontrados en el trading.

Además del glosario, este capítulo también proporciona una lista seleccionada de recursos para que los traders amplíen sus conocimientos y continúen su viaje de aprendizaje. Estos recursos incluyen libros, cursos en línea, blogs y podcasts que cubren una amplia gama de temas de trading. Al explorar estos recursos, los traders pueden acceder a ideas valiosas, opiniones de expertos y orientación práctica para mejorar sus habilidades de trading y mantenerse informados sobre las últimas tendencias y estrategias.

Con el glosario y los recursos adicionales a tu disposición, puedes navegar con confianza por el panorama del trading, comunicarte eficazmente con profesionales de la industria y profundizar tu comprensión de las complejidades del trading. Sumérgete en el Capítulo 14 y desbloquea el poder del cono-cimiento y los recursos para mejorar aún más tu experiencia en el trading.

Spread de compra-venta: La diferencia entre el precio más alto que un comprador está dispuesto a pagar (oferta) y el precio más bajo que un vendedor está dispuesto a aceptar (demanda) por un valor específico.

Apalancamiento: El uso de capital prestado o margen para amplificar las posibles ganancias (o pérdidas) en una inversión.

Orden de mercado: Una orden para comprar o vender un valor al precio de mercado actual, ejecutada de inmediato.

Venta en corto: Vender un valor que el trader no posee, con la intención de comprarlo nuevamente a un precio más bajo en el futuro, obteniendo así ganancias de una caída de precios.

Volatilidad: Una medida de la tasa y magnitud de las fluctuaciones de precios en un instrumento financiero o mercado. Una mayor volatilidad implica mayores oscilaciones de precios.

Arbitraje: La práctica de aprovechar las diferencias de precios en diferentes mercados o bolsas para obtener una ganancia libre de riesgo.

Mercado bajista: Un mercado caracterizado por precios en declive durante un período prolongado, típicamente acompañado de pesimismo y falta de confianza de los inversores.

Mercado alcista: Un mercado caracterizado por precios en aumento durante un período prolongado, típicamente acompañado de optimismo y confianza de los inversores.

Gráfico de velas: Un método popular de representación gráfica que muestra los precios de apertura, máximos, mínimos y cierre de un valor dentro de un período de tiempo específico, representados por formas de velas.

Day trading: La práctica de comprar y vender valores dentro del mismo día de trading, con el objetivo de obtener ganancias a partir de las fluctuaciones de precios a corto plazo.

Fondo cotizado en bolsa (ETF): Un tipo de fondo de inversión que se negocía en bolsas de valores, representa una canasta de valores y proporciona diversificación en diversos activos.

Contrato de futuros: Un acuerdo estandarizado para comprar o vender un activo a un precio y fecha predeterminados en el futuro, comúnmente utilizado para commodities, divisas e instrumentos financieros.

Hedge Fund (Fondo de cobertura): Un vehículo de inversión que reúne capital de inversores acreditados e institucionales, empleando diversas estrategias para generar rendimientos, a menudo con mayor riesgo y complejidad que las inversiones tradicionales.

Índice: Un referente que sigue el rendimiento de un grupo específico de acciones u otros activos, que representa un mercado o sector más amplio.

Liquidez: La facilidad con la que un valor o activo puede ser comprado o vendido sin afectar significativamente su precio.

Llamada de margen: Una demanda por parte de un bróker para que un inversor deposite fondos adicionales o valores para cumplir con el margen requerido para mantener posiciones abiertas.

Media móvil: Un indicador técnico comúnmente utilizado que suaviza los datos de precios al calcular el promedio de precios durante un período específico, proporcionando información sobre las tendencias y los niveles de soporte/resistencia.

Opciones: Contratos derivados que otorgan al titular el derecho, pero no la obligación, de comprar (opción de compra) o vender (opción de venta) un activo específico a un precio predeterminado dentro de un período de tiempo especificado.

Pip: La unidad más pequeña de movimiento de precio en un

par de divisas, que generalmente representa el cuarto decimal en la mayoría de los pares de divisas.

Flexibilización cuantitativa: Una política monetaria no convencional en la que un banco central compra activos financieros de bancos comerciales para aumentar la oferta de dinero y estimular la actividad económica.

Nivel de resistencia: Un nivel de precio en el que un valor ha tenido históricamente dificultades para superar, a menudo considerado como una zona de venta potencial.

Comisión de Valores y Bolsa (SEC): El organismo regulador en Estados Unidos responsable de proteger a los inversores, mantener mercados justos y ordenados y facilitar la formación de capital.

Squeeze de cortos: Una situación en la que una acción muy vendida aumenta rápidamente de precio, lo que lleva a los vendedores en corto a cubrir sus posiciones comprando la acción, lo que impulsa aún más el precio al alza.

Orden de stop-loss: Una orden colocada por un trader para vender automáticamente un valor si alcanza un precio específico, limitando las pérdidas potenciales.

Índice de volatilidad (VIX): También conocido como el "índice del miedo", mide la expectativa de volatilidad del mercado en función de los precios de las opciones, a menudo utilizado como indicador del sentimiento de los inversores y el riesgo del mercado.

Rendimiento: Los ingresos generados por una inversión, generalmente expresados como un porcentaje del valor de la inversión, teniendo en cuenta los intereses, dividendos u otras distribuciones.

Tipo de cambio: La tasa a la que una moneda se puede intercambiar por otra, reflejando el valor relativo de las dos monedas.

Operaciones con margen: Operar con fondos prestados o margen, aprovechando el capital propio para potencialmente amplificar ganancias o pérdidas.

Acción de bajo precio: Una acción con un precio de mercado bajo, generalmente negociada fuera de las principales bolsas y asociada con mayor riesgo y volatilidad.

Relación riesgo-recompensa: La proporción que compara la posible ganancia de una operación con la posible pérdida, ayudando a los traders a evaluar el riesgo en relación con la posible recompensa.

Nivel de soporte: Un nivel de precio en el que un valor ha tenido históricamente dificultades para caer por debajo, a menudo considerado como una zona de compra potencial.

Indicador técnico: Herramientas utilizadas en el análisis técnico para analizar patrones de precios y generar señales de trading, como medias móviles, índice de fuerza relativa (RSI) o MACD (Convergencia/divergencia de medias móviles).

Volatilidad: Una medida de las fluctuaciones o variabilidad de precios de un valor o mercado en un período específico, que indica el nivel de riesgo y la posible recompensa.

Latigazo: Una situación en la que el precio de un valor se mueve en una dirección y luego se invierte rápidamente, lo que resulta en señales de trading falsas y posibles pérdidas.

Oferta Pública Inicial (OPI): El proceso mediante el cual una empresa ofrece sus acciones al público por primera vez, obteniendo capital y cotizando en una bolsa de valores.

Orden Límite: Una orden colocada por un trader para comprar o vender un valor a un precio específico o mejor, garantizando la ejecución al precio especificado o a uno más favorable.

Capitalización de Mercado: El valor total de las acciones en circulación de una empresa, calculado multiplicando el precio de las acciones por el número de acciones en circulación, a menudo utilizado como indicador del tamaño de una empresa.

Sobrecompra: Una condición en la que el precio de un valor

ha subido bruscamente y se considera estar en un nivel más alto que su valor intrínseco, lo que puede indicar una reversión o corrección próxima.

Pipeta: Un valor fraccional de un pip en el mercado de divisas, que representa un decimal más allá del pip estándar. Permite una cotización y medición de precios más precisa.

Análisis Cuantitativo: El uso de modelos matemáticos y estadísticos para analizar datos financieros, como patrones históricos de precios o indicadores de mercado, para identificar patrones y tendencias.

Corporación de Protección de Inversionistas en Valores (SIPC, por sus siglas en inglés): Una organización sin fines de lucro en Estados Unidos que brinda protección limitada a los clientes de firmas de corretaje que han quebrado, salvaguardando su efectivo y valores hasta ciertos límites.

Soporte Técnico: Servicios proporcionados por una plataforma de trading o firma de corretaje para ayudar a los usuarios a resolver problemas técnicos, acceder a información de cuenta o navegar por la plataforma.

Ganancia/Pérdida no Realizada: La ganancia o pérdida en una inversión que no se ha realizado mediante la venta del activo. Representa la diferencia entre el valor de mercado actual y el precio de compra original.

Año a la Fecha (YTD, por sus siglas en inglés): El período que comienza desde el inicio del año calendario hasta la fecha actual, a menudo utilizado para medir el rendimiento de una inversión o del mercado durante ese período de tiempo.

Bonos Cupón Cero: Un bono que se emite con descuento sobre su valor nominal y no paga intereses periódicos. El tenedor del bono recibe el valor nominal al vencimiento, obteniendo intereses a través de la apreciación del precio.

Estos términos adicionales del glosario brindan una mayor claridad sobre conceptos y términos importantes que se encuentran en el trading. Al comprender y familiarizarse con estos términos, los traders pueden comunicarse de manera efectiva y navegar el mundo del trading con confianza.

Recursos:

Libro: "Trading for a Living: Psychology, Trading Tactics, Money Management" de Alexander Elder.

Este libro aborda los aspectos psicológicos del trading, las estrategias de trading y las técnicas de gestión del dinero.

Curso en línea: "Análisis Técnico: La Fundación Completa" en Udemy.

Este curso ofrece una introducción completa al análisis técnico, que incluye patrones de gráficos, indicadores y análisis de tendencias.

Blog: “Investopedia” (www.investopedia.com)

Investopedia ofrece una amplia gama de artículos, tutoriales y guías que cubren diversos temas de trading e inversión.

Podcast: “Chat With Traders” presentado por Aaron Fifield.

Este podcast presenta entrevistas con traders exitosos, brindando información sobre sus estrategias y experiencias.

Comunidad en línea: “r/StockMarket” en Reddit.

Unirse a esta comunidad en línea permite a los traders participar en discusiones, hacer preguntas y aprender de otros traders.

Conclusión

En conclusión, este libro ha sido una guía integral para el trading de acciones, ofreciendo ideas valiosas y conocimientos prácticos para equipar a los lectores con las herramientas necesarias para tener éxito en el dinámico mundo del trading. Desde la introducción, el libro estableció su propósito, resaltando la importancia del trading de acciones y el papel fundamental que desempeña el mercado de valores en la economía.

A lo largo de los capítulos, los lectores emprendieron un viaje de exploración, comenzando con una sólida comprensión de los conceptos básicos del mercado de valores. Aprendieron sobre los fundamentos de las acciones, incluyendo qué son y cómo funcionan dentro del contexto de las bolsas de valores. Los participantes del mercado y la terminología básica se desmitificaron, asegurando que los lectores tuvieran un sólido dominio de los elementos fundamentales del trading.

Avanzando, el libro se adentró en varios aspectos del trading, abordando los diferentes tipos de cuentas de trading disponibles, como cuentas de efectivo, cuentas de margen y cuentas de jubilación, enfatizando la importancia de seleccionar una cuenta que se alinee con los objetivos individuales y la tolerancia al riesgo.

A continuación, se presentaron a los lectores diferentes estilos y marcos de tiempo de trading, permitiéndoles obtener una comprensión completa del day trading, swing trading, position trading e inversión a largo plazo. Al explorar estos enfoques diferentes, los lectores obtuvieron los conocimientos necesarios para tomar decisiones informadas sobre qué estilo se ajusta a sus preferencias y se alinea con sus objetivos.

El análisis técnico tomó protagonismo a medida que los lectores aprendieron sobre los tipos de gráficos, niveles de soporte y resistencia, líneas de tendencia y patrones básicos de gráficos. Esta comprensión permitió a los lectores identificar posibles puntos de entrada y salida, así como analizar e interpretar de manera efectiva los movimientos de precios.

El libro también enfatizó la importancia del análisis fundamental, adentrándose en conceptos como ganancias, dividendos, relación precio-ganancias y capitalización de mercado. Los lectores obtuvieron conocimientos sobre cómo los factores fundamentales pueden influir en las decisiones de inversión y ayudarles a identificar oportunidades potencialmente rentables.

La practicidad estuvo en primer plano a medida que el libro presentó estrategias de trading simples pero efectivas, que incluyen cruces de medias móviles, trading de rupturas, seguimiento de tendencias y position trading. Estas estrategias proporcionaron a los lectores técnicas accionables para aplicar en sus esfuerzos de trading.

La gestión del riesgo surgió como un componente vital para el éxito del trading. El libro guió a los lectores en el establecimiento de órdenes de stop-loss, la práctica de un tamaño de posición adecuado, la diversificación de sus carteras y la comprensión del papel crucial que juega la gestión del riesgo en la preservación del capital y la mitigación de posibles pérdidas.

Se exploró la psicología del trading, con énfasis en la disciplina, el control emocional, la paciencia y la superación de los desafíos psicológicos comunes enfrentados por los traders. Al equipar a los lectores con la mentalidad necesaria y las herramientas psicológicas adecuadas, el libro les permitió navegar por la montaña rusa emocional del trading con resiliencia y claridad.

La construcción de un plan de trading se destacó como un paso fundamental para lograr resultados consistentes. Los lectores aprendieron sobre cómo establecer metas de trading, definir reglas de trading, realizar un seguimiento del rendimiento y ajustar sus planes en función de los conocimientos adquiridos a partir de sus experiencias de trading.

El libro también abordó la importancia de seleccionar plataformas de trading adecuadas y utilizar herramientas para el análisis técnico y fundamental. Se presentaron a los lectores plataformas de trading populares y sus características, capacitándolos para tomar decisiones informadas sobre la tecnología que utilizan para ejecutar sus operaciones.

Ejemplos y casos de estudio del mundo real dieron vida a los conceptos, mostrando operaciones exitosas, errores comunes en el trading y las valiosas lecciones que se pueden aprender de las experiencias reales. Al examinar estos ejemplos prácticos, los lectores obtuvieron ideas sobre la aplicación de los principios de trading y los posibles errores a evitar.

Consejos y mejores prácticas para los nuevos traders brindaron orientación sobre cómo aprender de los traders exitosos, utilizar cuentas de simulación para practicar, aprender y mejorar continuamente, y encontrar un equilibrio entre el trading y la vida personal. Estas ideas fueron invaluables para ayudar a los lectores a establecer hábitos saludables y optimizar sus trayectorias de trading.

La sección de preguntas frecuentes abordó las consultas y las incertidumbres comunes que enfrentan los traders principiantes, ofreciendo respuestas claras y orientación para asegurarse de que los lectores tuvieran una base sólida de conocimientos al adentrarse en el mundo del trading.

Por último, el glosario y el capítulo de recursos sirvieron como referencia esencial, proporcionando un glosario completo de términos clave para facilitar la comunicación efectiva y la comprensión dentro del ámbito del trading.

Resumen de conceptos clave

A lo largo de este libro, hemos explorado una amplia gama de conceptos clave esenciales para comprender y prosperar en el mundo del trading. Comenzamos estableciendo una sólida base en los fundamentos del mercado de valores, aprendiendo sobre acciones, bolsas de valores, participantes del mercado y terminología fundamental.

A partir de ahí, nos adentramos en los diferentes tipos de cuentas de trading y la importancia de alinear la selección de cuentas con los objetivos y la tolerancia al riesgo individual. También exploramos diversos estilos y marcos temporales de trading, brindando a los lectores una visión de enfoques diferentes que pueden emplearse según sus preferencias y objetivos.

El análisis técnico y el análisis fundamental se trataron en profundidad, equipando a los lectores con herramientas para analizar movimientos de precios, identificar patrones y evaluar la salud financiera de las empresas. El libro también presentó a los lectores estrategias de trading simples, enfatizando la importancia de la gestión del riesgo para proteger el capital y maximizar los posibles rendimientos.

Se abordó el aspecto psicológico del trading, centrándose en la disciplina, el control emocional y la paciencia, al tiempo que se ofrecía orientación sobre cómo superar los desafíos psicológicos comunes que enfrentan los traders. La construcción de un plan de trading, establecer metas, definir reglas y realizar un seguimiento del rendimiento se enfatizó como elementos esenciales para el éxito en el trading.

Plataformas y herramientas de trading fueron exploradas, proporcionando ideas sobre plataformas populares y destacando las características y beneficios que pueden mejorar la eficiencia y el análisis del trading. Ejemplos y casos de estudio del mundo real dieron vida a los conceptos, demostrando operaciones exitosas, errores comunes y lecciones aprendidas de experiencias reales.

El glosario proporcionó una referencia completa de términos clave, asegurando una comunicación clara y una comprensión de la terminología del trading, mientras que la sección de recursos ofreció una lista seleccionada de libros, cursos en línea, blogs y podcasts para apoyar el aprendizaje y desarrollo continuo.

Animo para los lectores que comienzan su camino en el trading

Al concluir este libro, queremos ofrecer nuestro ánimo a los lectores que están considerando comenzar su camino en el trading. El conocimiento e ideas que han adquirido de este libro les proporcionan una base sólida para navegar por las complejidades de los mercados financieros.

Si bien el trading puede parecer desafiante al principio, recuerden que cada trader exitoso comenzó desde la misma posición de curiosidad e incertidumbre. La clave está en dar ese primer paso y comenzar su camino. Apliquen los principios y estrategias aprendidas, al mismo tiempo que abrazan el proceso continuo de aprendizaje y mejora.

El trading ofrece oportunidades de crecimiento financiero y desarrollo personal. Requiere dedicación, disciplina y aprendizaje continuo, pero las recompensas pueden ser significativas. Al combinar el conocimiento adquirido de este libro con la experiencia práctica y una mentalidad resiliente, pueden posicionarse para tener éxito en el mundo del trading.

Recuerden que los errores y contratiempos son una parte natural del proceso de aprendizaje. Aprendan de ellos, adáptense y perseveren. Rodeense de una comunidad de traders solidaria, participen en educación continua y manténganse informados sobre las tendencias y desarrollos del mercado.

Lo más importante, aborden su camino en el trading con paciencia y una perspectiva a largo plazo. Roma no se construyó en un día y el éxito en el trading no se logra de la noche a la mañana. Con persistencia, determinación y un compromiso con el aprendizaje y la mejora continua, tienen el potencial de prosperar en el mundo del trading.

Así que den ese salto de fe, confíen en sus habilidades y comiencen su camino en el trading con confianza. Las posibilidades son vastas y las oportunidades de crecimiento y éxito financiero les esperan.

Bibliografía

- Elder, Alexander. (1993). "Vivir del Trading: Psicología, Tácticas de Trading, Gestión del Dinero". Valor Editions.
- Nison, Steve. (2001). "Japanese Candlestick Charting Techniques". Prentice Hall Press.
- Murphy, John J. (1999). "Análisis Técnico de los Mercados Financieros". Gestión 2000.
- Schwager, Jack D. (1992). "Market Wizards: Interviews with Top Traders". HarperBusiness.
- Schwager, Jack D. (1996). "The New Market Wizards: Conversations with America's Top Traders". HarperBusiness.
- Tharp, Van K. (1999). "Super Trader: Make Consistent Profits in Good and Bad Markets". McGraw-Hill Education.
- Mith, J. (2018). La Guía Completa para el Trading de Acciones. Wiley.
- Murphy, J. (1999). Análisis Técnico de los Mercados Financieros: Guía Completa de Métodos y Aplicaciones de Trading. Penguin.
- Elder, A. (2014). Vivir del Trading: Psicología, Tácticas de Trading, Gestión del Dinero. John Wiley & Sons.
- Schwager, J. D. (2012). Market Wizards: Entrevistas con los Mejores Traders. John Wiley & Sons.
- Natenberg, S. (1994). Volatilidad y Valoración de Op-

ciones: Estrategias y Técnicas Avanzadas de Trading. McGraw-Hill.

- Bulkowski, T. (2013). Enciclopedia de Patrones de Gráficos. John Wiley & Sons.
- Nison, S. (1991). Técnicas de Gráficos de Velas Japonesas: Una Guía Contemporánea de las Antiguas Técnicas de Inversión del Lejano Oriente. Prentice Hall.
- Murphy, J. (2000). El Inversor Visual: Cómo Identificar Tendencias del Mercado. John Wiley & Sons.
- Morris, G. H. (1997). Análisis de Velas Japonesas: Técnicas Eternas para Operar en Bolsa y Futuros. McGraw-Hill.
- Edwards, R. D., & Magee, J. (2011). Análisis Técnico de las Tendencias de Acciones. CRC Press.
- Graham, B., & Dodd, D. (2008). El Análisis de Valores: Técnica y Filosofía. McGraw-Hill.
- Lynch, P., & Rothchild, J. (1996). Aprovechando Wall Street: Cómo Utilizar lo que Ya Sabes para Ganar Dinero en el Mercado. Simon & Schuster.
- Fisher, P. (1996). Acciones Comunes y Ganancias no Comunes y Otros Escritos. John Wiley & Sons.
- Zweig, J. (2003). El Inversor Inteligente: Un Libro de Consejos Prácticos. Collins Business.
- Greenblatt, J. (2010). El Pequeño Libro que Aún Vence al Mercado. John Wiley & Sons.
- Damodaran, A. (2007). Valoración de Inversiones: Herramientas y Técnicas para Determinar el Valor de Cualquier Activo. Wiley.
- Malkiel, B. G. (2003). Un Paseo Aleatorio por Wall

Street: La Estrategia Probada para Invertir con Éxito. W. W. Norton & Company.

- Schwager, J. D. (1989). Market Wizards: Entrevistas con los Mejores Traders. HarperBusiness.
- O'Neil, W. J. (2009). Cómo Ganar Dinero en Bolsa: Un Sistema Ganador en Tiempos Buenos y Malos. McGraw-Hill Education. Lefèvre, Edwin. (1923). "Reminiscences of a Stock Operator". Wiley. Smith, J. (2018). The Complete Guide to Stock Trading. Wiley.

Made in United States
Troutdale, OR
11/03/2026

56844679R00080